Dietmar Kramlich

Glaube
Hoffnung
Hiebe

Ein ultrakurzer Überblick darüber,
was die katholische Kirche tatsächlich lehrt.
Gedacht zur schnellen Übersicht, geistlichen
Erbauung, Nachlese oder schlicht zum
genüßlichen Goutieren.

D&D Medien

Inhalt

Vorgeschichte

Düsternis breitet sich aus. Es ist ein Äonen altes Gewölbe, vom Ruß der Jahrhunderte geschwärztes Gestein. Modrig und gefährlich. Zerfetztes Spinnweb, das im schwefeligen Hauch sich bewegt. Nur beleuchtet von einer Fackel, die in weiter Ferne und wie durch feinen Dunst ein Licht spendet, das mehr verhüllt, als es dem Betrachter entdeckt.
Eine unüberschaubare Anzahl von Gängen, noch dunkler und bedrohlicher als der, auf dem wir uns befinden, zweigen an allen Seiten ab und führen in ein unbekanntes Reich.
Schatten huschen, unsichtbare Augen spähen und spitze Ohren lauern unentdeckt.

Ein geifernder Purpurträger schlurft blinden Auges an uns vorüber. Aus dem Dunkel hinein in anderes, nicht einsehbares. Ein blitzendes Kreuz von lauterem Gold auf der eingesunkenen Brust.

Wir befinden uns im Herzen der geheimsten aller geheimen Geheimzentralen der Welt.
Selbst gestandene Agenten der russischen und amerikanischen Dienste sprechen nur hinter vorgehaltener Hand über diesen Ort, den kaum ein Sterblicher je betritt – und den noch weniger je verlassen.

Es ist der Vatikan.
Das Herz der katholischen Kirche. Hier irgendwo in einer der Myriaden von Geheimkammern muss die Bundeslade der Israeliten versteckt sein. Und der Heilige Gral. Und das Goldene Vlies. Und der Stein der Weisen, die Weltformel und das Geheimrezept von Coca Cola ...

Vorwort

Okay, lieber Leser.
Erst mal muss ich zugeben, dass ich ungemein stolz bin auf meine Idee, dem Vorwort noch eine Vorgeschichte voranzustellen.
Ein echter Kunstgriff, finden Sie nicht?
Ich denke, die Absicht ist klar: Stimmung machen.

Wäre ich ein, sagen wir, amerikanischer Erfolgsautor, und nur einen kleinen Funken geschäftstüchtiger, könnte ich so oder so ähnlich einen gruseligen Enthüllungsroman beginnen lassen, in dessen Verlauf ich (natürlich anhand harter Fakten) beweisen könnte, dass der Papst der letzte verbliebene Highlander, die Kardinäle samt und sonders Mitglieder der Mafia und die Kirche per se böse sei.
Also das mit den harten Fakten ist natürlich ein Witz. Aber wen kümmert's?

Gebt mir einen genügend großen Werbeetat und ich regiere die Welt! Der Hebel des Archimedes hat ausgedient und wurde durch Meinungsbildung ersetzt.

So gnadenlos übertrieben meine einleitende Vorgeschichte auch ist: Es gibt garantiert Zigmillionen Menschen, die sicher zu glauben wissen, dass es im Vatikan genauso aussieht. Zumindest im Keller.

Genauso gibt es noch mehr Menschen, die dank regelmäßiger Lektüre der Boulevardpresse genauestens wissen, was die Kirche lehrt. Dass der Papst immer unfehlbar und Sexualität immer böse ist. Das lehrt doch die Kirche. Das weiß man doch.

Wirklich?

„Selig, die Armen im Geiste" (Mt 5,3/Übersetzung: Zürcher Bibel). Sicher, Jesus hat das gesagt. Und weil Jesus das gesagt hat, glaube ich auch ganz bestimmt, dass es so richtig ist. Damit war aber wohl nicht gemeint, sich absichtlich dumm zu halten. „Arm im Geiste", oder „geistlich arm", wie es auch manchmal übersetzt wird, ist was anderes, als doof zu sein. Jesus sagte nicht: „Selig sind die Doofen." Wer etwas ganz sicher zu wissen glaubt, läuft grundsätzlich Gefahr, in die Irre zu gehen.

So bin ich zwar kein schlechter Autofahrer, aber trotzdem froh, endlich ein Auto mit Navigationssystem zu besitzen ... Wie oft glaubte ich früher zu wissen, wo ich abbiegen muss. Auch nach der zehnten falschen Straße war ich mir dessen völlig sicher! Und natürlich (Männerkrankheit!) auch zu stolz, um jemanden zu fragen. Ich wusste ja schließlich genau ... Dabei wäre es ja so einfach: eine Straßenkarte, eine Frage bei einem Passanten, bessere Vorbereitung etc.

Das ist genau der Grund für dieses Buch: in aller Kürze, aber so genau wie möglich einige der altbekannten „Wahrheiten" darüber, was die katholische Kirche so lehrt, gerade zu rücken. Wer sich für manch ein Thema tiefer interessiert, der möge sich den Katechismus besorgen und (völlig unverzichtbar) eine Bibel dazu.

Für alle, die einfach in aller Kürze eine Zusammenstellung suchen, ob das, was die Klassenkameraden behaupten, was der Arbeitskollege aus sicherer Quelle weiß, was die Tageszeitung als gesicherte Erkenntnis ausgibt, wirklich so stimmt, soll das hier eine Art kleines Navigationssystem sein.
Und Ansporn zum Nachfragen. Denn: „Wer nicht fragt, bleibt dumm."
Oder, sehr frei nach Aristoteles: „Es gibt keine dummen Fragen, nur dumme Antworten."

1. Grundsätzliches

Die katholische Kirche lebt dem Grunde nach aus einer festen Wurzel, und die heißt „Gott". Gott als dreifaltige Person in Vater, Sohn und Heiligem Geist. Dieser eine Gott offenbart sich den Menschen auf zwei Arten: die eine ist die Bibel, das so glaubt und lehrt es die Kirche von Gott eingegebene Wort; die andere ist die Tradition.

Während sich praktisch alle christlichen Kirchen und Gemeinschaften mehr oder weniger auf eine mehr oder weniger einheitliche Bibel stützen, führt die Tradition bereits zu einem ersten Problem.
Zumindest, wenn man es mit einem Christen als Gegenüber zu tun hat, der einer lutherischen, evangelikalen oder sonst wie protestantischen Glaubensrichtung oder Gemeinschaft angehört. Diese sind dem Grundsatz des Wittenberger Reformators „sola scriptura" verpflichtet! „Allein die Schrift", und zwar die Heilige Schrift, soll die Richtschnur allen Handelns und Lehrens sein. Daran ist zunächst nichts auszusetzen, und die überwiegende Mehrzahl der Katholiken täte gut daran, sich ein Scheibchen dieser Bibeltreue und Bibelgelehrsamkeit abzuschneiden.

Aber halt mal: Steht in der Bibel nicht auch etwas über die Tradition?

Lesen wir mal nach.

Mt 5,17-18: „Denkt nicht, ich sei gekommen, um das Gesetz und die Propheten aufzuheben. Ich bin nicht gekommen, um aufzuheben, sondern um zu erfüllen. Amen, das sage ich euch: Bis Himmel und Erde vergehen, wird auch nicht der kleinste Buchstabe des Gesetzes vergehen, bevor nicht alles geschehen ist."

Wohlgemerkt, hier spricht Jesus höchstselbst. Er pocht auf das „Gesetz und die Propheten". Liest man das heute, so ist das jedem klar. Kann man ja nachlesen, was Gesetz und Propheten sind. Steht ja in der Bibel.
Aber Achtung!
Das, was die heutige Bibel ist, wurde nicht aus sich selbst heraus oder durch schlaue Beschlüsse und Konzilien, sondern (man ahnt es) durch Tradition.

Oder, was anderes:
Joh 16,13: „Wenn aber jener kommt, der Geist der Wahrheit, wird er euch in die ganze Wahrheit führen." Der Heilige Geist als die Quelle der richtigen Auslegung der Schrift.
Das ist eigentlich der Kern des Gedankens: Wenn es eines Heiligen Geistes bedurfte, um die Schar der Gläubigen tiefer in die Wahrheit zu führen, dann heißt das doch, dass mit Jesu Himmelfahrt noch nicht alles glasklar und schon fertig war. Durch Jesu Tod und Auferstehung ist zwar das

Erlösungswerk vollendet (zumindest für den, der das will), aber das weitere Vorgehen war für die Jünger und Apostel denn doch etwas diffus.

Die standen also etwas planlos in Jerusalem herum und wussten mit sich und den ganzen Ereignissen wenig anzufangen, als der Heilige Geist kam und sein Brausen den Raum erfüllte (Apg 2,2ff).

Von da an war nichts mehr so wie zuvor. Sie waren zwar möglicherweise noch immer planlos, aber sie gingen, geführt vom Heiligen Geist ihrer Wege und lehrten die Worte Jesu.

Und da beginnt die Tradition.
Jesus hatte keine genauen Dienstanweisungen hinterlassen, wie man neue Ortsgemeinden gründen solle. Welche Struktur diese haben sollten. Wie man mit offenkundigen Sündern im Kreis der Gläubigen umzugehen habe (steinigen oder lieb haben???), auf welche Art man den Gottesdienst feiert, Beschneidung pro/contra etc.

Das alles „ergab sich" im Laufe der Zeit.
Ein Atheist würde vielleicht sagen, aus Pragmatismus, ein Soziologe würde mit dynamischen Gruppenprozessen argumentieren. Aber nach Überzeugung der Kirche war hier der Heilige Geist am Werk.

Über Jahrhunderte bildeten sich bestimmte Lehren heraus, wurden Überzeugungen geprüft und wieder verworfen, kamen schlaue Männer (wie Augustinus und Thomas von Aquin) oder schlaue Frauen (wie Theresa von Avila oder Katharina von Siena) und stellten durch eigene Erfahrung und strikt logisches Denken manche Lehre in Frage und zeigten neue Erkenntnisse über Gott auf.

Die Kirche war nie und ist kein statisches Gebilde. Sie besteht aus lebendigen Menschen und wird gebaut vom Heiligen Geist. Wer heute in die katholische Kirche eintritt, hat eine zweitausend Jahre alte Ahnenreihe vorzuweisen.

Die Tradition ist ein sicheres Fundament, da sie auf den ersten Zeugen und letztlich auf Jesus selber gründet. Wer also meint, das Rad neu erfinden zu wollen, der tut gut daran nachzusehen, ob es nicht doch schon einen Bauplan dafür gibt. Erspart manch Irrung und Wirrung, und unnötigen Materialverbrauch.

In der katholischen Kirche gibt es viele Baupläne, Skizzen, Entwürfe, an denen man sich orientieren kann.
Manche waren nicht so doll und wurden wieder verworfen. Andere waren eine Zeit lang gut, haben aber ihr Verfallsdatum erreicht. Andere sind seit fast zweitausend Jahren gültig.

Und da haben wir auch schon ein weiteres Merkmal der Tradition: sie ist ihrem Wesen nach veränderbar!

Die Bibel ist fix. Da ändert sich nichts mehr – und es wäre auch völlig überflüssig. Denn niemals wird irgendein Mensch auch nur den hundertsten Teil eines der kleinsten Bücher aus der Bibel wirklich ganz begreifen. Sie ist einfach zu mächtig und vielschichtig für unsere simplen Menschenhirne (vgl. „Dominus Jesus", Teil I Nr.8).

Aber die Tradition kann sich ändern. Ihr Maßstab ist die Bibel – und auch umgekehrt.

Das bedeutet aber auch, dass sie beständig auf dem Prüfstand steht. Je peripherer eine Tradition, desto einfacher ihre Änderung.

(Mit „peripher" meine ich dabei die Randbereiche, das Drumherum. Die Art und Weise, wie etwas gemacht wird, davon strikt zu unterscheiden ist der Kern des Glaubens: also alles was mit Gott, Jesus, Heiligem Geist zu tun hat. Schlicht: die Aussagen des „Glaubensbekenntnisses").

Mit dem Zweiten Vatikanischen Konzil wurden viele Traditionen neu bewertet und entsprechend den Gegebenheiten angepasst.

Nur ein Beispiel: Die Bibel sagt nichts darüber aus, wie ein katholischer Gottesdienst denn genau auszusehen habe.

Sie gibt jedoch einige Hinweise, welche Bestandteile sinnvoll sind.

Aus diesen Hinweisen und dem direkten Befehl
Jesu „Tut dies zu meinem Gedächtnis" (vgl.
Lk 22,19ff) entwickelte sich innerhalb eines
gewissen Zeitraums eine, wie ich finde, sinnvolle
Gottesdienstform.
Da wurde gesungen, es wurde aus der Schrift
vorgelesen, gepredigt und schließlich die
Eucharistie gefeiert. Das alles in Latein und mit
Blick nach Osten.

Bei der Überprüfung im Rahmen des
II. Vatikanischen Konzils wurde festgestellt, dass
ein ansehnlicher Teil der Kirchgänger nicht mehr
lateinischen Ursprungs waren (um nur ein
Beispiel zu nennen).
Man blätterte also in der Bibel nach, prüfte die
Schriften der Kirchenlehrer aus vielen
Jahrhunderten und kam dahinter, dass es
sinnvoll wäre, im Gottesdienst zu singen, aus
den Schriften vorzulesen, zu predigen und
schließlich die Eucharistie zu feiern.
Allerdings sagten weder Bibel noch
Kirchenlehrer ernsthaft etwas darüber aus, dass
das zwingend in Latein und ostwärts gewandt
sein müsse.
Ergo: man änderte diese Regeln einfach.
Warum also diese langatmige Vorrede? Viele
Menschen wissen nicht, worum es in der
katholischen Kirche überhaupt geht, wo ihr Kern,
ihre innerste Mitte ist.
Sie kritisieren den in ihren Augen langweiligen

Gottesdienst, und meinen, damit den Kern der Kirche zu treffen.

Wissen aber nicht, dass es neben der üblichen auch noch eine sehr große Zahl alternativer Gottesdienstformen gäbe, bzw. dass selbst die sonntägliche Messfeier einen relativ weiten Spielraum bietet, den man gestalten kann.

Sie kritisieren den Rahmen, übersehen aber das Bild, das vom Rahmen nur gehalten werden soll. Denn: „das Wesentliche ist für die Augen unsichtbar."

Die äußere Form dient ihrem Inhalt. Und dieser ist das eigentlich Interessante.

Ebenso übersehen viele selbsternannte Kirchenkritiker, dass sich die Kirche in einem beständigen Wandlungsprozess befindet. Sie schwadronieren über offensichtliche Missstände – die vor 40 Jahren beseitigt wurden.

Und, und, und.

Beispiel gefällig?
Na gut. In medias res. Hier unser erster Problemkandidat.

2. Die Alleinseligmachende

Falls es Ihnen bis zu diesem Punkt noch entgangen sein sollte: Ich bin katholisch. Römisch-katholisch, um genau zu sein.

Ich sage das ganz offen, denn schließlich sind Sie, lieber Leser, auf der anderen Seite der Buchstaben und können mich jetzt nicht direkt auslachen ob meiner Rückständigkeit.
Ich bin vor direktem Spott rein durch räumliche Entfernung gut geschützt.
Und das ist für einen so zart besaiteten Schreiberling wie mich auch gut so.

Hätte ich geschrieben, ich sei Anhänger eines vedischen Rishi (Weiser Mann), oder würde mich viermal täglich vor dem Kirschbaum in meinem Garten niederwerfen und die Weltmutter Gaija anrufen, hätte ich wohl eher mit einem wohlmeinenden „Ach wirklich? Das ist ja interessant!" rechnen dürfen.
Aber in einer Zeit, in der sogar gestandene Buddhisten schon fast als spießig angesehen werden, ist man als Christ, und besonders als katholischer (und gläubiger!!!) Katholik ein Anachronismus sondergleichen.

Wer eine wirklich langweilige und öde Party zum Leben erwecken will, der beginne nur eine Diskussion zum Thema „katholisch".

Sie, lieber Leser, sind vielleicht kein so versierter Partygänger, darum hier eine kurze Anleitung:

Ich (betont müder Blick auf die Uhr): „Oh, schon so spät! Ich muss morgen früh raus, um in die Kirche zu gehen" (an dieser Stelle ein kurzes aber stilsicheres Gähnen anbringen)

Partygast (drei Bacardi Cola, ein Bier; öffnet ruckartig die Augen): „Was? *Du* gehst in die Kirche?"
Ich: „Logisch. Ich bin doch Christ. Und katholisch."
Zweiter Partygast (noch nüchtern, aber mit Chipsresten im hohlen Zahn kämpfend): „Oh Gott! So ein Scheißverein!"
Erster Partygast: „Genau. Blöde Kirchensteuer. Und wollen alles besser wissen."
Dritter Partygast: „Ich hab erst wieder was von einem schwulen Priester gelesen."
Zweiter Partygast: „Ja. Und Orgien im Kloster."

(Langsam wächst die Schar der Beteiligten; in kleinen Grüppchen bilden sich Diskussionsrunden)
Dritter Partygast: „Hey, der war so was von schwul!"
Erster Partygast: „Boah ey!"
Zweiter Partygast: „Ja, aber dann wieder so heilig tun …"

An dieser Stelle kann man sich als Initiator der jetzt langsam aus dem Dämmer erwachenden Festivität überlegen, die Stimmung durch gezielte Einwürfe, z. B. belangloser Fakten, noch ein wenig anzuheizen, oder wirklich die Flucht zu ergreifen.

Dabei würde man sich vermutlich um das Vergnügen persönlicher Attacken und zorniger Vorwürfe bringen. Mit geschicktem Einsatz weniger, sorgsam auswendig gelernter lateinischer Fachausdrücke könnte man unter Umständen sogar für eine kleine Rauferei am Rande sorgen ...

Aber ich schweife ab. Was ich behaupte: Nach spätestens zehn Minuten hitziger Diskussion kommt man unweigerlich zu dem Thema der Kirche als allein selig machenden.

2.1 Es war einmal ...

„Extra ecclesia nulla salus"
Außerhalb der Kirche gibt es kein Heil, so lehrt es Cyprian seit knapp 1.700 Jahren, und so stand es bis vor einigen Jahrzehnten auch im Katechismus. Zumindest in dem Nachkriegsexemplar des klösterlichen Knabeninternats, das mein Vater besucht hat.

Was aber heißt das eigentlich?
Sehen Sie, das ist genau so ein Fall, den ich anfangs meinte: ein absolut simpler, kurzer Satz.
Aber ich wette, dass 99% der Befragten in einer (rein fiktiven) Umfrage mit ihrer Antwort falsch lägen.

Was sie zu verstehen meinen: „Wer nicht in der katholischen Kirche ist, kommt in die Hölle."
Basta. So kurz – und so daneben.
Klar, ich will nicht bestreiten, dass auch diese Bedeutung mal im Gespräch war, aber, wie gesagt, die Zeiten ändern sich.
Und mit ihnen der Blick auf die Wahrheit.

„Außerhalb der Kirche ist kein Heil."
Da frag ich doch noch weiter: Was ist denn eigentlich die Kirche?
Wieder eine simple Frage, und wieder viele Möglichkeiten, mit der Antwort ganz falsch zu liegen.

Wer jetzt „Kirche" mit „katholischer Kirche" gleichsetzen will, hat schon wieder ein paar Minuspunkte auf seinem Punktekonto und erhält folglich keine Waschmaschine am Ende des Buches.

Ganz grundsätzlich ist die Kirche das Volk des Herrn (griechisch: Kyrios) bzw. die Gemeinschaft aller Gläubigen. Man beachte: *aller* Gläubigen!

Mit dieser Formulierung sollten eigentlich die meisten Christen diese Welt angesprochen sein. Von Lutherisch über Koptisch, Pfingstlerisch, Syrisch-Jakobitisch bis Russisch-Orthodox.
Für manche von diesen könnte es ein herber Schlag sein, mit Katholiken in einem Boot sitzen zu müssen – es lässt sich aber auch auf engstem Raum trefflich miteinander streiten, weshalb ich das mal so stehen lasse.

2.2 „... ja aber ...!"

Ich fühle gerade instinktiv, dass sich bei manchem Leser und mancher Leserin jetzt Widerstand regt.
Die katholische Kirche behauptet doch, sie sei was Besseres, oder? Wie kann ich dann dreist behaupten, es wäre mehr oder weniger eh alles eins und folglich egal?
Auch hier ist wieder genau acht zu geben, was die Kirche tatsächlich und nachprüfbar lehrt: sie lehrt, dass die Kirche, die Jesus durch Wahl des Petrus und der anderen Jünger, sowie sein „Tut dies zu meinem Gedächtnis" gegründet hat, in der katholischen Kirche verwirklicht ist („subsistit in", vgl „Dominus Jesus" Teil IV).

Die katholische Kirche kann ihre Wurzeln direkt und ununterbrochen bis zu dieser Gemeinschaft von Fischern, Zöllnern und den sie begleitenden Frauen zurückverfolgen.

Es ist also nur eine Frage der Logik, zu behaupten, die Kirche, die Jesus wollte, sei das, was heute den Hauptsitz in Rom, Vatikanstadt Hausnummer 1, habe.

Jesus irrte sich nur höchst selten ... und zu behaupten, er oder sein Vater hätten irgendwann beschlossen, nun doch den Nachfahren der Apostel das Ruder wieder zu entreißen und es anderen, besseren, neueren Gemeinschaften zu geben, wäre etwas gewagt.

Es ist allerdings eine Realität, *dass* es andere Kirchen, Konfessionen und kirchliche Gemeinschaften gibt.

Die katholische Kirche ist nicht mehr Schoß und Hort aller Christen. Wenn man es mal ganz nüchtern betrachtet, war sie das auch nie. Irgendwer war immer als geistlicher Einzelkämpfer unterwegs.

Und das ist ein echtes Drama, das eigentlich keinen Christen ruhig schlafen lassen sollte. Weil die Kirche der Leib Christi ist, soll sie auch nur ein Leib sein (vgl. 1 Kor 12 ff).

Wie ist jetzt aber die Sache mit der „Verwirklichung" zu verstehen, wo es doch scheinbar einen ganzen Haufen anderer Konfessionen gibt, die ihrerseits einige echt gute

Dinge zum Christentum dieser Welt beigetragen haben und daher so falsch gar nicht sein können?

Sagen wir mal, die katholische Kirche sei ein alter Weinschlauch (bitte verpfeiffen Sie mich nicht bei meinem Bischof wegen dieses Vergleichs!!!).
Der Herr hat ihr alle Fülle geschenkt, und ein großes Gefäß, um all die leckeren Bordeaux, Merlots, und Burgunder auch aufzufangen und zu bewahren, um immer und jederzeit genug edlen Stoff zu haben.
Die ersten paar Jahrzehnte ging noch alles gut: die Christen waren vereint und schöpften aus dem Vollen.

Aber irgendwann kamen dann ein paar Leute auf die Idee, dass es für das einfache Volk nicht gut sei, immer und jederzeit Wein zu haben. Was vom gesundheitlichen Standpunkt zwar richtig, aber vom geistlichen leider völlig falsch war. Wieder einige Zeit verging, da dachte man, dass es vermessen und folglich frevelhaft sei, die Tiefe des Weinschlauchs ausloten zu wollen, und begnügte sich damit, nur noch Wein aus den oberen zehn Zentimetern für den Genuss frei zu geben.

Dann kam jemand daher und behauptete, nur die linke Seite des Schlauches sei rein. Wein aus

der rechten Seite des Schlauchs sei Teufelswerk und müsste verboten werden.
Und so weiter und so weiter.
Die himmlischen Heerscharen mussten in der Winzerei schon fast Kurzarbeit anmelden, weil der Absatz so drastisch gesunken war.

Dann kam jemand, der bisher noch nichts von dem Weinschlauch wusste, und bohrte in seinen Boden ein Loch. Und sofort quoll ein kräftiger Strahl von rotem, flüssigem Gold hervor und tränkte ihn auf das Wunderbarste.

Die von oben schrien: „Lass das, das ist verboten!"

Aber da kam auch schon ein Zweiter und machte sich auf der Seite ein Loch. Der Wein, der dort hervorquoll, war anders als der von dem ersten Lochbohrer, aber ebenso gut.

Und ein Dritter kam, und ein Vierter und so fort. Irgendwann wurde es den Schlauchhütern von oben zu bunt, und sie beschlossen, nachdem Groll und Schimpf nichts fruchteten, selbst einmal wieder etwas aus den Tiefen des Weinschlauchs zu schöpfen. Und von Rechts. Und siehe: es war lauter köstlicher Wein.

Und siehe weiterhin: Der Wein wurde nicht weniger, sondern reichte für alle.

Die Moral von der Geschicht: Der Weinschlauch ist in der katholischen Kirche völlig verwirklicht, aber auch der Wein anderer Kirchen oder Konfessionen kommt von Gott. Was der katholischen Kirche gegeben ist, wird ihr – dank Gottes Treue – nicht mehr genommen.

Was andere Kirchen und Gemeinschaften haben, ist ein Anteil am echten Wein. Der Unterschied ist nur die Größe der Quelle, aus der man schöpft.

2.3 „... ja aber ... hallo!"

Bevor jetzt dem einen oder der anderen die Zornesader schwillt:
Ich hab *nicht* behauptet, die katholische Kirche wäre ohne Fehler.

Ganz im Gegenteil. Wer mein obiges Gleichnis vom geheiligten Weinschlauch noch einmal liest, wird durchaus kirchenkritische Tendenzen entdecken.

Wie kann es aber sein, dass die Kirche Jesu in der katholischen Kirche verwirklicht ist, wo sie doch fehlerbehaftet ist?

Das ist ein großes Mysterium. Aber eigentlich auch wieder ganz einfach.

Wenn man die Bibel aufmerksam durchliest, wird man feststellen, dass Jesus schon immer ein Faible für schwache Kreaturen hatte.

Sein Oberjünger Petrus leistete sich einen Fauxpas nach dem andern (dazu später mehr), Paulus wollte die ersten Gemeinden gleich ausrotten, und was man von Zöllnern und leichten Damen zu halten hat, weiß man ja.
Welcher Karnickelzüchterverein würde mit diesem Personal länger als drei Jahre überleben?

Nun ja, wie die Geschichte lehrt, schafft es die katholische Kirche seit bald 2000 Jahren, das Kirchenschiff über Wasser zu halten. Wobei weder die jeweiligen Steuermänner, noch die Matrosen jemals wirklich fehlerfrei waren.
Gott benutzt nun mal gern das Schwache, um die selbstherrlichen Starken zu beschämen (vgl. 1 Kor 1,27).

Es gibt da den schlauen Spruch von der heiligen und zugleich sündigen Kirche.
Die Kirche ist dem Wesen nach heilig, weil Gott sie gewollt hat, weil er ihr Zentrum ist und sie sich zur Braut nehmen will (2 Kor 11,2). Und was Unheiliges hat Gott meines Wissens noch nie gemacht.
Die Kirche ist aber zwangsläufig auch sündig, weil ihre Bausteine lebendige Menschen sind, die im Minimum siebenmal täglich fallen.

In diesem Widerspruch lebt die katholische Kirche und wird sie bleiben bis zur Vollendung der Welt. (Das gilt allerdings für jede andere Gemeinschaft auch, wenn ich das noch anfügen darf. Ein Zusammenschluss von mehr als zwei Personen wird im Höchstfall eineinhalb Stunden ohne Sünde sein. Dann schaltet irgendwer den Fernseher aus, und es wird wieder frisch drauflos gesündigt ...)

2.4 Zusammenfassung:

- Die katholische Kirche versteht sich nicht als exklusiven Club, der der alleinige Türöffner ins Himmelreich wäre.
- Die katholische Kirche behauptet nicht von sich, ohne Fehl und Tadel zu sein

3. Das große Ärgernis – der Papst

3.1 Was soll der Zauber?

Wenn es irgendwen auf dieser Welt gibt (von Jesus selber mal abgesehen), auf den die Worte vom „Stein des Anstoßes" (vgl. Mt 21,23ff) so richtig gut passen, dann ist das meiner Meinung nach der Papst. (Gut, neuerdings vielleicht noch Dieter Bohlen – aber das ist ein *sehr* anderes Thema. Und außerdem haarscharf an der Blasphemie vorbei).

Über kaum jemanden wird so viel gelästert, so viel gespottet. Ein Kabarettprogramm ohne Pointe auf Kosten des Papstes ist fast nicht vorstellbar, und wenn sich im Sommer so gar keine Schlagzeile finden lassen will, so kann man immer noch leserwirksam über geheimste Details aus dem Umfeld des Papstes spekulieren.

Andererseits: Kaum bedroht ein Unglück die Welt, schüttelt ein Erdbeben, dräut ein Krieg, rasseln die Säbel oder rückt die Todesstrafe wieder einmal ins Gedächtnis der Menschheit, erwartet man, dass der Mann in Rom seine Stimme erhebt.

Und tatsächlich tut er das auch häufig.

Und wehe erst, der Papst stirbt! Dann bedrohen wochenlang Sonderberichte und Reportagen den Alltag ganz normaler Menschen, die sich vorher keinen Deut um ihn gekümmert haben.

Mit welchem Recht drängt sich also dieser Mensch, gewählter Monarch des kleinsten Staates der Erde, immer wieder in den Vordergrund?

Mit welchem Recht maßt er sich an, für mehr als eine Milliarde Menschen auf dieser Welt ein geistliches Oberhaupt sein zu wollen?
Und mit welcher Macht schafft er es, dass ihm immer wieder so viele Menschen zuhören, vom Kleinsten bis zum Staatenlenker?

- „Du bist Petrus, und auf diesen Felsen werde ich meine Kirche bauen und die Mächte der Unterwelt werden sie nicht überwältigen." (Mt 16,18).
- „Weide meine Schafe." (Joh 21,17)
- „Ich werde dir die Schlüssel des Himmelreichs geben; was du auf Erden binden wirst, das wird auch im Himmel gebunden sein, und was du auf Erden lösen wirst, das wird auch im Himmel gelöst sein." (Mt 16,19)

Diese drei Stellen sind so in etwa die Schlüsselstellen (sogar im Doppelsinn), was das Papsttum betrifft. Wer über päpstliche Autorität redet oder sie in Abrede stellt, sollte sich diese Worte Jesu mal ganz langsam auf der Zunge zergehen lassen.

Der gleiche Petrus, der ihn noch vor wenigen Tagen dreimal verleugnet hatte, um sein kleines bisschen Leben zu schützen, wird mit der Aufgabe betraut, in Stellvertretung des wahren Hirten (Jesus) die Herde zu weiden. Und *nur* dieser Petrus. Nicht irgendeiner der anderen, vielleicht schlaueren, jüngeren, diplomatischeren Jünger.

Das beinhaltet, wie erfahrene Schafhirten weltweit bezeugen, die Aufgabe, frisches Weideland zu finden, frisches Wasser, aber ebenso, die Herde beieinander zu halten.
Jungböcke sollen den anderen nicht davonlaufen, alte Schafe sollen nicht zurückbleiben. Aufmüpfige Quertreiber und sonstige schwarze Schafe werden mit Hilfe scharfer Hunde wieder in den Verband zurückgetrieben.

Ganz schön harter Job für einen einfachen Fischersmann, der mehr von Wassertieren als von Schafen versteht.

Gut, jetzt wissen wir, dass Jesus offensichtlich große Stücke auf Petrus hielt, aber was hat das mit dem Papst zu tun?
Petrus war ein Mensch. Menschen sterben. Besonders wenn sie alt sind und gekreuzigt werden. Genau das geschah der Überlieferung nach mit Petrus während einer der ersten Christenverfolgungen in Rom, etwa im Jahre 65 unter Kaiser Nero.
Nochmal: Die genannten Aufgaben und Vollmachten hatte Jesus *allein* Petrus gegeben. Aber war seine besondere Aufgabe damit erfüllt? Wohl kaum.

Das hätte ja in letzter Konsequenz geheißen, dass jetzt niemand mehr die Schlüssel hat und sich der Hirte endgültig aus dem Staub gemacht hätte.

Die Kirche hatte von Beginn an ziemliche Kämpfe zu bestehen. Die Römer wollten sie zerstören, die Philosophen sie intellektuell auseinandernehmen und dass es mit dem innerkirchlichen Zusammenhalt Probleme gab und schwierige Fragen zu lösen waren, lehren die Briefe im Neuen Testament.

Der Job des Petrus entwickelte sich also als echte Dauereinrichtung.
Petrus wurde hingerichtet, man wählte einen Nachfolger. Der wurde hingerichtet, man wählte einen Nachfolger. Der wurde hingerichtet, man ... so ging das dahin.
Nicht alle Nachfolger des Petrus starben eines unnatürlichen Todes, aber zumindest in den ersten drei Jahrhunderten gab es deutlich gesündere Jobs auf dieser Welt als Bischof von Rom zu sein.

Was ich damit sagen will: Der heutige Papst kann die Reihe seiner (geistlichen) Vorfahren direkt und lückenlos auf Petrus, und somit direkt auf Jesus zurückverfolgen.
Er ist nicht da, weil man ihn unbedingt bräuchte; die Aufgaben eines Papstes könnte vielleicht

auch ein besonderes Gremium erfüllen, wer weiß das schon.
Nein, nach katholischer Lehre gibt es dieses Amt, weil Jesus es so wollte, um die Einheit der Herde zu garantieren.

Das allein ist der Grund, warum dem Amt des Papstes eine so große Rolle zugewiesen wird und warum seine Worte ein so hohes Gewicht haben.
Nicht weil der Papst als Person immer ein besonders weiser und kluger Mensch wäre. Auf die Person des Papstes kommt es dem Grunde nach gar nicht an. Es ist auch hier die logische Überlegung: Jesus wollte das Amt eines Petrus. Jesus sandte den Heiligen Geist als Beistand. Ergo wird der Heilige Geist die Sache schon irgendwie richten und dem jeweiligen Petrusnachfolger mit Rat und Tat zur Seite stehen.

Ja, ich weiß: offenbar dekadente und wenig geistliche Päpste hat es zu Zeiten gegeben. Leugnen ist wohl zwecklos. Aber allein die Tatsache, dass es das Papsttum trotz dieser Päpste noch gibt und die katholische Kirche heute so viele Mitglieder hat wie nie zuvor in der Geschichte, zeigt, dass Gott am Ende immer über menschliche Fehler und Dummheiten siegt und unter allen Umständen zu seinem Wort steht.
Mt 16,18: „Du bist Petrus und auf diesen Felsen

werde ich meine Kirche bauen und die Mächte
der Unterwelt werden sie nicht überwältigen ..."

Na denn ...

3.2 Der Unfehlbare

Als im Jahr 1870 das Dogma von der
Unfehlbarkeit des Papstes verkündet wurde,
erregte das einen ziemlichen Skandal innerhalb
und außerhalb der katholischen Welt.
Daran hat sich, wenn man der Bildzeitung und
Volkes Stimme glauben darf, bis heute nichts
geändert.

Zur Information, hier der Wortlaut des Ganzen:

„Zur Ehre Gottes, unseres Heilandes, zur
Erhöhung der katholischen Religion, zum Heil
der christlichen Völker lehren und erklären wir
endgültig als von Gott geoffenbarten
Glaubenssatz, in treuem Anschluss an die vom
Anfang des christlichen Glaubens her erhaltene
Überlieferung, unter Zustimmung des heiligen
Konzils:
Wenn der Römische Papst in höchster
Lehrgewalt (= ex cathedra) spricht, das heißt:
wenn er seines Amtes als Hirt und Lehrer aller
Christen waltend in höchster apostolischer

Amtsgewalt endgültig entscheidet, eine Lehre über Glauben oder Sitten sei von der ganzen Kirche festzuhalten, so besitzt er auf Grund des göttlichen Beistandes, der ihm im heiligen Petrus verheißen ist, jene Unfehlbarkeit, mit der der göttliche Erlöser seine Kirche bei endgültigen Entscheidungen in Glaubens- und Sittenlehren ausgerüstet haben wollte. Diese endgültigen Entscheidungen des Römischen Papstes sind daher aus sich und nicht aufgrund der Zustimmung der Kirche unabänderlich."

Gut. Was heißt das jetzt?

Auch hier bin ich mir sicher, dass bei einer Umfrage 99,9% der Befragten nicht wüssten, was mit der „Unfehlbarkeit" gemeint ist. Eine Standardantwort wäre wohl: „Der Papst hat immer Recht."

Wieder einfach und wieder völlig falsch. Wenn der Papst z. B. behaupten würde, die Sonne scheine, während es gerade Katzen hagelt, hätte er – ganz offensichtlich – nicht recht. Was auch nix macht, denn schließlich ist er kein Meteorologe.

Wenn er sagt: „Was für ein lieber Hund", während er einen dicken Kater streichelt – auch klar. Macht ja nichts, denn Veterinär ist er auch nicht.

Schon an diesen beiden – zugegeben – doofen Beispielen sieht man, dass mit „Unfehlbarkeit" nicht „allwissend" gemeint sein kann.

Ein weiterer Punkt: Viele Menschen meinen auch, der Papst dürfe immer und jederzeit einfach mal so auf die Schnelle etwas Unfehlbares von sich geben.
Auch falsch!

Die Kirche wird nämlich nicht vom Papst regiert, sondern von der Gemeinschaft der Bischöfe geleitet. Man könnte sie daher durchaus als langlebigste Form der parlamentarischen (Wahl-) Monarchie bezeichnen.

Wenn es Fragen zu klären gibt, die die ganze Kirche betreffen, ihre Lehre, ihre Form etc., dann treffen sich die Bischöfe und beraten darüber.
Der Papst, als Bischof von Rom, hat da natürlich mit dabeizusitzen und mit zu beraten.
So wie Petrus unter den übrigen Aposteln eine etwas hervorgehobene Stellung hatte, hat natürlich das Wort des Papstes heute auch einiges Gewicht; auch er ist aus den Bischöfen der Welt hervorgehoben

So gesehen ist das Dogma von der Unfehlbarkeit nur eine schriftliche Bestätigung dessen, was ohnehin bereits seit Beginn der Kirche mehr oder weniger implizit gelebt wurde.

Was aber heißt denn jetzt „Unfehlbarkeit"?
Lesen wir den Text oben noch einmal.

a) Der Papst muss „Ex Cathedra" sprechen. Das heißt, es muss explizit und unmissverständlich darauf hinweisen, dass er jetzt vom Stuhl Petri als höchster Entscheidungsträger eine endgültige Lehre oder Entscheidung mitteilt.

b) Es kann sich nur um eine Entscheidung oder Lehre über die Sitten oder den Glauben handeln. Aussagen über das Wetter, Tiere oder auch Sportergebnisse fallen daher grundsätzlich flach.

c) Der Papst darf dann nicht aus eigenem Antrieb und eigener Meinung sprechen, sondern muss sich explizit auf den Heiligen Geist berufen und verlassen können.

Allerdings: Wenn jetzt jemand Angst bekommen sollte, dass ein Papst einfach hergeht und eine neue Lehre verkündet, dem sei gesagt, dass bislang – seit 1870 – erst ein einziger seine Unfehlbarkeit in Anspruch genommen hat! Das war Pius XII. im Jahr 1950, als er die leibliche Himmelfahrt Marias verkündigte.

Das dürfte jetzt viele Leute überraschen, die bisher davon ausgegangen waren, dass ein Papst das pausenlos tue.

Weiterhin kann ein Papst auch nicht irgendwas als unfehlbar verkünden:
Wie immer in der Kirche ist der Maßstab die Bibel und die Tradition. Widerspräche eine Aussage offensichtlich der Bibel oder der Tradition, wäre sie per se unwirksam. So war es auch 1950 nicht so, dass sich Pius XII. das aus den Fingern gesaugt hätte: Vielmehr hat er damit lediglich eine bereits jahrhunderte alte Überzeugung in den Stand der Lehre erhoben, die katholische Theologen als logische Schlussfolgerung ihrer Interpretation biblischer Aussagen sehen.

Sie sehen: Die Anforderungen sind so eng gesteckt, dass allenfalls Entscheidungen in hochtheologischen Expertenfragen oder ähnlichem möglich scheinen.

4. Sex ist böse!

Richtig. Und die Affen übernehmen demnächst die Weltherrschaft, weil es Bruce Willis in Wahrheit doch nicht geschafft hat, den Asteroiden zu sprengen und alles nur eine Propagandalüge des FBI war.

Obwohl die leicht absurde Tendenz meiner Antwort deutlich sein dürfte, sind dennoch jede

Menge Leute davon überzeugt, dass es das höchste Ideal der Katholiken sei, überhaupt keinen Sex zu haben, bzw. dass man sündigen würde, wenn man „es" täte.

Die Eingabe „katholisch" und „sex" in Google bringt allein knapp 200.000 deutschsprachige Seiten. Einige sind ganz brauchbar, viele ziemlich übel.
Das Interesse daran ist also durchaus groß.
Und wen wundert's? Wer nicht an irgendeiner Krankheit leidet, wird spätestens mit Einsetzen der Pubertät entdecken, dass es mehr von Interesse auf dieser Welt gibt, als bisher gedacht.
Um es kurz zu machen: Menschen mögen Sex. Menschen haben Sex. Und es bedurfte nicht erst eines Sigmund Freud, um zu erkennen, dass das körperliche Verlangen eine nicht unwesentliche Triebfeder des Menschen ist.

Nur logisch also, dass sich die Menschen allgemein ziemlich auf den Schlips getreten fühlen, wenn plötzlich jemand daher kommt und behauptet, die Sexualität sei böse, schlecht, übel, ekelig, abstoßend, furchterregend, vulgär, pfui und bäh.
Das ginge mir genauso.
Schließlich bin ich als glücklicher Ehemann körperlichen Freuden gegenüber nicht eben unempfänglich.

Würde die katholische Kirche also allen Ernstes behaupten, dass Sexualität was Schlechtes wäre, hätte ich einen massiven Gewissenskonflikt.
– Hab ich aber nicht, weil ich nämlich die Aussagen der Kirche zum Thema „Sexualität" kenne und nachgelesen habe.
Im Einzelnen:

4.1 Sex. Was ist das?

Wer sich in aller Kürze darüber informieren will, was die katholische Kirche grundsätzlich wirklich lehrt, der nehme sich einen Katechismus in aktueller Ausgabe und lese dort mal nach. Katechismus 2362: „Jene Akte also, durch die Eheleute innigst und lauter eins werden, sind von sittlicher Würde; sie bringen, wenn sie human vollzogen werden, jenes gegenseitige Übereignetsein zum Ausdruck und vertiefen es, durch das sich die Gatten gegenseitig in Freude und Dankbarkeit reich machen' (GS 49,2). Die Geschlechtlichkeit ist eine Quelle der Freude und Lust ...“
Ups! Steht da wirklich was von Freude und (was für ein schlimmes Wort ...!) Lust?
Ja, das steht da. Das lasse man sich noch mal auf der Zunge zergehen. Die katholische Kirche findet, Sexualität solle Freude und Lust machen. Sie soll die Partner gegenseitig in Freude und

Dankbarkeit reich machen.
Das ist doch was Herrliches, etwas
Wunderschönes, oder?
Und, ehrlich gesagt, jede andere Sichtweise
wäre auch doof und außerdem unbiblisch.
Schließlich fand Gott selbst, dass alles „sehr
gut" war, nachdem er die Welt geschaffen hatte
(Gen 1,31).
Und wer sich in der Bibel ein paar Hundert
Seiten weiter vorackert, der stößt auf das
„Hohelied": alles andere als biedere
Hausmannskost.

Sicher, nicht immer und zu jeder Zeit war man
sich im Verlauf der Kirchengeschichte einig, dass
Sexualität mehr als nur ein notwendiger Akt der
Zeugung war. Da spielt denn auch die je eigene
Biographie der jeweiligen Theologen eine
gehörige Rolle.
Wer es in seiner Jugend besonders „krachen"
lies, der schwenkt schon mal in die
Gegenrichtung um (so geschehen bei
Augustinus, um nur ein Beispiel zu nennen).
Das ist allerdings auch kein alleiniges Problem
der antiken Kirchenväter: Die Zahl der „68er",
die dereinst für freie Liebe und gegen den Krieg
protestierend durch die Strassen zogen, und die
jetzt mit der Bierflasche auf dem Bauch die
Hitparade der Volksmusik gutieren, ist Legion.
Aber immerhin: Die Kirche hat den besonderen
Wert der Sexualität immer herausgestellt. Als frei

handelbare Ware oder als rein körperlichen Akt, wie es viele der konkurrierenden Religionen zu jener Zeit taten, wurde der Sex niemals betrachtet.

Aber zurück zur obigen Frage: Was ist Sex? Und ich meine jetzt nicht das technische Prozedere, das in jeder „Bravo" nachgelesen werden kann.

Schauen wir mal in die Bibel. Zwei Stellen sollten eigentlich reichen.
Gen 2,24: „Darum verlässt der Mann Vater und Mutter und bindet sich an seine Frau und sie werden ein Fleisch."
Kurz gesagt: Sex steht für eine Bindung zwischen Mann und Frau. Eine Bindung, die so stark ist, dass der Schreiber der Genesis das durch den Begriff „ein Fleisch" ausdrückt.
Was ein Fleisch ist, dass kann nicht anders als durch eine schmerzhafte Operation wieder getrennt werden.

Gen 4,1: „Adam erkannte Eva, seine Frau; sie wurde schwanger …"
Was die Bibel mit „Erkennen" meint, ist Sex. Die Schwangerschaft der Eva lässt da keinen großen Spielraum für Interpretationen zu.
Aber nicht nur das. „Erkennen" ist eigentlich ein super Begriff dafür, wie es zwischen Mann und Frau sein sollte. Er umfasst nicht nur den Körper, sondern auch die Seele, den Geist, das Wesen der Person. Mit allen schönen und liebenswerten

Seiten – ebenso wie mit allen Macken, die Menschen nun mal so haben.

Wenn Adam Eva erkennt, dann als ganze Person, ohne eine Trennlinie zwischen den beiden. Das Idealbild, das auch Martin Buber in „Ich und Du" beschreibt. Es gibt keine Außenansicht mehr des anderen, sondern nur noch fraglose Wesenseinheit.

Oder, wie es der oben zitierte Abschnitt aus dem Katechismus nennt: ein „Übereignetsein". Sich ganz dem andern schenken, der sich ganz mir schenkt.

Das ist ein enorm hoher Anspruch. Wer würde schon seine Hand dafür ins Feuer legen, sich immer ganz zu schenken? Nie abgelenkt zu sein? Nie auch nur ein klein wenig egoistisch?

Aber vielleicht ist es gerade der hohe Anspruch, der so viele Kritiker auf den Plan ruft, wenn die katholische Kirche über die Sexualität lehrt? Wer keinen Anspruch hat, wird auch nur Anspruchslosigkeiten erhalten.

Um es mal mit einem anderen Bild zu verdeutlichen: Die Hamburger bei Mc Donald's sind zweifellos (wenn auch nicht ganz unbestritten) Nahrungsmittel.

Ich bin in der Situation, wie viele andere Menschen auch, dass es mittags immer ganz schnell gehen muss. Also gibt es hin und wieder einen Cheeseburger. Ich bekenne mich schuldig:

Der schmeckt mir sogar! Noch ein Tütchen Pommes dazu und ich bin ein sattes, zufriedenes Baby.

Das trifft in etwa wohl den Massengeschmack. Wie im Sex: Fast alle Menschen wollen hin und wieder Sex. Die Biologie lässt einfach nicht locker. Also ziehen sie los, in eine Disco, eine Kneipe, eine Party ihrer Wahl und suchen sich ein möglichst gleichgesinntes Gegenüber. Und, wer würde das bezweifeln, das, was man erhält, macht tatsächlich „satt" und ist vielleicht sogar ganz lecker. Wie mein Cheeseburger.

Aber die Krönung ist es nicht!

Aber es gibt ja noch die andere Alternative: Statt mir einen Burger einzupfeifen, könnte ich auch schön einkaufen gehen. Ein paar frische Kräuter da, ein schönes Stückchen Filet dort, und dazu ein edler Tropfen aus Bordeaux. (Vegetarier und Veganer dürfen hier natürlich einen Salat ihrer Wahl einsetzen).

Wer nun schon einmal den direkten Vergleich zwischen Mc Donald's und frischer, edler Küche gewagt hat, wird mir sicher zustimmen, dass letzteres denn doch vorzuziehen ist.

Das Problem: der Aufwand ist höher! Finanziell und zeitlich.

Es ist alles eine Frage des Anspruchs: Was will ich haben und was bin ich bereit, dafür zu geben? Das eine geht nicht ohne das andere.

Aber während beim Essen fast alle Menschen mehr oder weniger mit mir einer Meinung sind, kommt harsche Kritik, wenn die katholische Kirche ihren (biblisch fundierten) Anspruch in Sachen Sexualität ebenfalls ziemlich hoch aufhängt.

4.2 Der Haken an der Sache

Nochmal zurück zum Katechismus. Bereits der erste Satz des obigen Zitats ist in Zeiten von Daily Soaps und der ultimativen Selbstverwirklichung ein echter Lacher: „Jene Akte, durch die die Eheleute ..."

Da haben wir es schon wieder. Diese elendiglich rückständige Kirche! Will die tatsächlich behaupten, Sex wäre nur was zwischen Eheleuten?

Ja. Will sie.

Wie man es auch dreht und wendet, wie weit man bestimmte Begriffe auch immer auslegen mag, und wie sehr manch aufgeklärter Theologe bestimmte Begrifflichkeiten auch relativieren will: Lehre der Kirche ist, dass Sex etwas zwischen einem verheirateten Mann und einer verheirateten Frau sein soll. Vorausgesetzt, die beiden sind miteinander verheiratet natürlich.

Da es nicht Absicht dieses Buches ist, die Lehren der katholischen Kirche zu verteidigen oder erschöpfend zu erklären (obwohl ich nicht immer ganz davon lassen kann ...), sondern nur, die häufig missverstandenen Lehren darzustellen, werde ich hier mal kurz die Ausgangsbasis skizzieren, weshalb dies die Lehre der Kirche ist, und weshalb sie die so genannten „modernen Formen des Zusammenlebens" gar nicht gutheißen kann.

Fangen wir also noch mal bei Adam und Eva an. Im wörtlichen wie im übertragenen Sinne. Adam bindet sich an seine Eva, sie werden ein Fleisch (Gen 2,24). Jesus selbst sagt dazu, dass sie „nicht mehr zwei, sondern eins" sind (Mt 19,6). Etwas, das eins ist, kann aber nicht mehr getrennt werden. Jeder Mathematiker würde mir Recht geben, dass die Rechnung $1:2 = 1+1$ ein Quatsch ist. Wie oben schon mal beschrieben, ist die Zertrennung von Fleisch nur durch Gewalt oder operativen Eingriff möglich, und in jedem Fall etwas, was dem Wohlbefinden wenig zuträglich ist.

Wenn also jemand mit jemand anderem schläft, ergibt das eine Bindung, die weit über das hinausgeht, was der jeweilige Mensch gerade bewusst spürt und empfindet. Sozusagen eine Bindung auf „höherer Ebene". Eine Erkenntnis, die auch unter einigen modernen Psychologen wieder einigen Anklang findet.

Der viel benutzte Satz „aber wenn es sich doch richtig anfühlt ..." ist daher nur bedingt ein Maßstab dafür, ob etwas tatsächlich richtig ist.

Diese Einsicht wird von Erich Fromm in seinem Buch „Die Kunst des Liebens" eingehend beleuchtet. Für Erich Fromm, der entgegen seinem Namen kein dezidiert frommer Mensch, sondern Psychoanalytiker und Philosoph war, ist die körperliche Form der Liebe (vulgo: Sex) kein bloßer Austauschakt. Kein „ich befriedige dich, damit du mich befriedigst". Vielmehr soll der ganze Mensch mit seinem Wesen hinter diesem Akt stehen. Liebe (in jeder Form) sei kein zeitliches Gefühl, sondern eine auch auf Vernunft beruhende Entscheidung.

Soweit Herr Fromm, der gewiss kein dummer Mensch und in seinem Urteil ungebunden war.

Gerade der letzte Punkt ist hier mit entscheidend: Liebe als Entscheidung.

Indem ich mit einem Menschen ins Bett steige, entscheide ich mich mit meinem ganzen Wesen, nicht nur meinen Trieben, mich an diese Person zu binden, ein Fleisch zu werden.

Oder, anderes Beispiel.

Ein geistig gesunder Mensch drückt seine Gefühle auf die ein oder andere Art durch

bestimmte Handlungen aus. Wobei „Handlung"
auch im Sinne von Körpersprache verstanden
werden darf. Wenn dieses Innen und Außen
nicht mehr zusammenstimmen, führt das zu
verschieden heftigen Formen seelischer
Krankheiten. Ein Phänomen, das die
Wissenschaft schon häufiger bei Menschen
beobachtet hat, die sich aus Berufsgründen
verstellen müssen (z.B. Geheimagenten), oder
die vorgeben, etwas anderes zu sein, als sie
sind.

Gut, da es hier um die Liebe geht, werde ich die
negative Seite des emotionalen Spektrums aus-
blenden und den Bereich von „Verbalinjurie bis
zum Kettensägenmassaker" nicht behandeln.

Im Bereich der positiven Gefühle nehme ich mal
folgende Reihenfolge mit exemplarischen
„Eskalationsstufen" an:

- Sympathie -> Anlächeln
- Gern haben -> Nähe suchen
- verknallt sein -> Händchen halten
- verliebt sein -> Küssen
- den andern so sehr lieben, dass man sein
  ganzes Leben mit ihm verbringen will … -> ???

Ja, was sollte an diese Stelle schon groß
kommen? Meines Erachtens wäre die logische
Konsequenz der Sex. Mit meinem Körper
ausdrücken, dass ich eins sein will mit der
geliebten Person.

Der Wert, den Psychologie und Kirche der Sexualität beimessen ist also ein gewaltig großer. Für die Kirche ist es sogar ein heiliger Akt, weil der Mensch durch die Sexualität ein ganz klein wenig an Gottes Schöpfung mitbauen darf. Schließlich entsteht durch Sex unter Umständen auch neues Leben.

Wer also behauptet, die Kirche würde Sex verteufeln, der irrt gewaltig! Das Gegenteil ist der Fall. Sie will ihn heiligen.

Denn: Wie wird Sexualität heute in großem Umfang propagiert? Das was viele Leute „Freiheit" nennen, ist in den Augen der Kirche eine Entwertung. Für viele Menschen heißt die Schlußfolgerung: Sympathie -> Sex! Die Entscheidung: „Gehe ich mit jemandem ins Bett?" ist in den Augen vieler Menschen gleichviel Wert wie die Frage „Kaufe ich mir ein Lutschbonbon?"

Die Kirche kann aber unmöglich von ihrer bisherigen Linie abweichen. Aus schlicht biblischen Gründen: Gott gab dem Adam die Eva. Das ist (natürlich auf unglaublich vollmächtigere Weise!) das, was in einer Hochzeitszeremonie geschieht. Nicht das weiße Kleid und das (ohnehin deplazierte weil liturgisch unnötige) „Ave Maria" von Schubert sind das Entscheidende, sondern dass diese Hingabe von Mann und Frau aneinander vor Gottes Angesicht geschieht.

Wenn also die Kirche auf den Sex in der Ehe pocht, dann, weil sie (unabhängig von den anderen genannten Gründen) auf der „richtigen Reihenfolge" besteht.

Wer mit seinem Körper einen Scheck auf die Zukunft unterschreibt, sollte zuvor auch öffentlich und vor Gott versprechen, dass er gedeckt ist.
Oder wie glaubwürdig ist jemand, der das zwar bei Nacht im stillen Kämmerlein macht, sich aber bei Tageslicht und vor Zeugen davor drückt?
So jemandem würde ich nicht mal 'nen Lolli verkaufen.

4.3 Verhüterli und Co.

Noch so ein lästiger Punkt.
Die landläufige Meinung lautet: Der Papst verbietet die Pille (war Paul VI) und hat was gegen Kondome. Außerdem soll Sex immer möglichst viele Kinder zeugen.

Ich muss zugeben, dass die Punkte 1 und 2 (also „Pille" und Kondom) richtig sind.
Es ist tatsächlich Lehre der Kirche, dass beide Mittel zur Empfängnisverhütung der katholischen Sicht von ehelicher Sexualität widersprechen.

Lediglich der dritte Punkt, die Sache mit den Kindern, stimmt nicht. Aber der Reihe nach.

4.3.1 Verhütung ist okay.

Ich fange mal mit dem einfachsten an.
Wie unter 4.1 bereits geschrieben, soll der Sex „Freude und Lust" machen. Sexualität ist nicht nur ein rein biologisches Mittel zum Zweck der Produktion von reichlich Nachkommen. Zumindest nicht aus katholischer Sicht.
Sie beinhaltet auch das sich gegenseitig Schenken und die Freude, die Liebende aneinander haben dürfen. Wer etwas tiefer im Alten Testament stöbert, wird auf manch prickelnd erotische Stelle stoßen, die keineswegs nur absichtsvoll auf Kindervermehrung hinweist. Da geht es schlicht um den Spaß an der (ehelichen!) Freud.
Aber, wie sagt das Sprichwort: „Aus Spaß wurde Ernst – und Ernst ist jetzt drei Jahre alt."

Damit ist nicht anderes ausgesagt, als dass es so kommt, wie es bei zwei körperlich gesunden Menschen kommen muss: Jemand (in der Regel die Frau) wird schwanger.
Und das ist auch sehr schön und sehr sinnvoll. Keine Kinder, keine Familie, keine Zukunft, keine Rente. Wir verstehen uns ...?!?

Die Fruchtbarkeit ist daher nicht nur sinnvoll, sondern sogar von Gott geboten. „Seid fruchtbar und vermehrt euch" (Gen 1,28). Auch Gott wusste also um die wachsende Bedeutung einer sicheren Rente.

Aber, die Überschrift deutet es an, nicht ausschließlich. Die katholische Lehre betont auch sehr den Aspekt der Verantwortung, den Eltern, beziehungsweise Eltern in spe gegenüber ihren Kindern haben. Weder sollen sie aus egoistischen Gründen auf Dauer kinderlos bleiben, um z. B. sich den jährlichen Urlaub auf den Malediven auch weiterhin leisten zu können, noch sollen sie eine Gebärfabrik betreiben, in der Meinung, die Gesellschaft würde sich auch um das fünfzehnte Kind genauso kümmern, wie um die restlichen vierzehn.

Je nach persönlicher Situation gibt es einen Zeitpunkt für ein Kind.
Und um diesen Zeitpunkt zu regeln, erlaubt die katholische Kirche die so genannte „natürliche Familienplanung". Denn, so die Begründung, Gott habe Zeiten und Fristen geschaffen – und dem Menschen den Verstand gegeben, diese zu erkennen.
Der Zyklus der Frau zum Beispiel sei ein Gott gegebener Rhythmus aus fruchtbaren und unfruchtbaren Tagen; ergo ist es erlaubt, sich danach zu richten.

Mit anderen Worten: Nach Überzeugung der katholischen Kirche ist Sex sogar dann gut, wenn er nach menschlichem Ermessen gar nicht zu einer Schwangerschaft führen kann. Überrascht?

4.3.2 Sieg der Chemie

Fangen wir mal mit dem an, was üblicherweise mit „Pille" bezeichnet wird. Ich werfe da mal alles in einen Topf und spreche hier über alle chemischen Methoden der Verhütung.
Wie gesagt: Seit Paul VI. in seiner Enzyklika „Humanae Vitae" zu dem Schluss kam, dass Chemie nichts in einer verantwortungsvollen Ehe zu suchen habe, ist diese Aussage Lehre der katholischen Kirche.
Das brachte der Kirche viel Kritik und Paul VI. den Beinamen „Pillen Paule" ein.

Sicher ist es für moderne Menschen schwer vermittelbar, warum gerade diese doch so simple und relativ zuverlässige Methode der Empfängnisverhütung sündhaft sein sollte.

Nochmal: Ich will hier die Lehre der katholischen Kirche nicht en Detail erklären. Es gibt zig Bücher, die dazu geschrieben wurden und das tiefschürfender tun, als ich das könnte.

Darum hier wieder eine Erklärung für diese
Lehraussage in aller gebotenen Kürze.

Während die natürliche Empfängnisregelung
sich an den Rahmen der Natur, wie sie Gott
geschaffen hat, hält (also Fristen, Zyklen,
Temperaturschwankungen etc.), „hebelt" die
chemische Keule diese Mechanismen aus. Im
schlimmsten Fall würde der weibliche Körper zu
einem rein funktionalen Gebilde herab-
gewürdigt, der entsprechend den Wünschen des
Mannes zu funktionieren habe. Vielleicht auch
entsprechend den Wünschen der Frau.
Je nachdem.
Diese funktionalistische Sichtweise des Körpers,
den man nach Lust und Laune mittels vorgegau-
kelter Schwangerschaft manipulieren kann,
widerspricht jedoch ziemlich deutlich der
kirchlichen Sicht, wonach der Körper ein heiliger
Tempel Gottes ist. Tempel, das weiß man aus
dem Religionsunterricht, sollen aber nicht für
profane Zwecke gebraucht werden.

Ein weiteres, sehr schwerwiegendes Argument
ist eine der Wirkweisen der Pille.
Sie verhindert nicht nur den Eisprung der Frau.
Als Schutzmechanismus, für den Fall der Fälle,
haben alle mir bekannten Präparate noch eine
früh abtreibende Wirkung eingebaut.
Sollte also doch eine Eizelle befruchtet werden,
würde diese nach allen Regeln der Kunst

ausgehungert. Was aber ist eine befruchtete Eizelle? Ein neuer, unwiederholbarer, nie vorher da gewesener Mensch. Dem man gerade den Saft abgedreht hat, um es mal platt zu sagen. Sicher, die Chance dazu ist sehr, sehr gering. Aber könnte die Kirche guten Gewissens die Verantwortung dafür übernehmen, indem sie die Pille gut hieße? Wohl kaum.

Viele weitere Gründe gäbe es zu nennen. Aber diese beiden sollen als die mir wesentlichsten genügen.

4.3.3 Gut „behütet"?

Aus ähnlichen, grundlegenden Überlegungen wie die chemische Verhütung, wird auch die Barrieremethode à la Kondom abgelehnt. Sie geht weit über das hinaus, was Gott als Zyklus der Frau grundgelegt hat, und würde Sexualität im schlimmsten Fall zu einer jederzeit verfügbaren Ware werden lassen.

Zudem wäre die intime Vereinigung von Mann und Frau dadurch auch nicht wirklich gegeben, denn es gäbe ja noch immer ein trennendes Stückchen Kunststoff zwischen ihnen.

So kurz, wenn mir alle Erklärungen gelängen!

4.4 Wie es ist, wenn „nichts" ist: Zölibat

Jetzt habe ich doch einiges über die katholischen Lehraussagen zur gelebten Sexualität geschrieben. Fast genau so scheel beäugt wie diese Aussagen wird der Zölibat. Quasi die andere Seite des Sexus.

Ein immer wiederkehrender Quell für Spott, schlechte Witze, Verleumdungen und viertklassige Comedyshows im Spätprogramm des Fernsehens.

Lassen wir doch wieder einmal einen unvoreingenommenen Mann von der Strasse zu Wort kommen. Der Einfachheit halber, und weil ich grad zu faul bin, um auf die Strasse zu gehen, lasse ich mich selbst zu Wort kommen.

Frage: „Herr K." (Name von der Redaktion geändert) „Was halten Sie vom Zölibat?"
Herr K: „Also ich find das voll doof, dass diese (piiiiep) Kirche den armen Kerlen verbietet zu heiraten. Haben doch auch Bedürfnisse!"
Frage: „Warum glauben Sie, dass Priester nicht heiraten dürfen?"
Herr K: „Na, ist doch logisch: Keine Erben, also bleibt mehr für die Kirche."
Frage: „Herr K., wir danken ihnen für dieses

aufschlussreiche und zufällig gerade in unser Konzept passende Gespräch! Auf Wiedersehen." Herr K.: „Ja, ist schon recht."

Fassen wir diese unvoreingenommenen Antworten noch mal kurz zusammen: Erstens, es handelt sich um Zwang, und zweitens, dieser Zwang wird aus dunklen Gründen ausgeübt.

Was viele Menschen nicht wissen: Der Zölibat ist eine kirchenrechtliche Regelung. Wer sich noch an den Anfang erinnert: Kirchenrecht beruht zum Teil auf Tradition, beziehungsweise ist Teil der Tradition, und folglich veränderbar. Würde also irgendwann das Bischofskollegium in Übereinstimmung mit dem Papst beschließen, dass Priester nun doch heiraten dürften, wäre das keine sonderliche Aktion, weil sie keine Glaubensinhalte beträfe. Oder haben Sie im „Glaubensbekenntnis" etwas von „ich glaube an die ewig unverheiratete Priesterschar ..." oder ähnlichem gelesen? Also ich nicht. Und ich habe das schon oft gelesen und schon oft gebetet. Freilich: der Aufschrei im Volk wäre groß. Je nach religiöser Ausrichtung wären es Jubel- oder Schreckensschreie – aber Geschrei gäbe es so oder so. Warum aber hält die katholische Kirche dann an diesem so rückständig scheinenden Institut fest? Warum geht sie nicht den Weg des geringsten Widerstands und verzichtet endlich

auf dieses Relikt aus alter Zeit?
Antwort: Es gibt sehr gute Gründe für den Zölibat.

Zum ersten ist der Zölibat keine Zwangsmaßnahme. Kein Priester wird oder wurde gezwungen, Priester zu sein. Priester wird man nicht über Nacht. Das verlangt nicht nur nach einem abgeschlossenen Theologiestudium, sondern auch nach einem geistlichen Leben, das sich entwickeln muss.
Wer sich für den kirchlichen Dienst entschieden hat, muss seine Gesinnung und seine Glaubensfestigkeit in einem mehrere Jahre währenden Prozess beweisen.
Er führt Gespräche mit anderen Geistlichen, mit dem Bischof, einem Spiritual und noch diversen anderen Personen. Er lernt den Tagesablauf eines Priesters kennen, muss sich mit seiner eigenen Einstellung auseinandersetzen.
Mittlerweile üblich sind auch Auszeiten der Priesteramtskandidaten von ein, zwei Semestern, in denen sie das Leben außerhalb des gewählten Standes kennenlernen sollen.
Wie es ist, z. B. in einer Fabrik zu arbeiten, wie es wäre, ganz handfest in der Entwicklungshilfe tätig zu sein.

Dann, erst dann beginnt die Vorbereitung auf die erste Weihe, die „Diakonenweihe".
Bis zu diesem Zeitpunkt hat ein

Priesteramtskandidat noch die Wahl, ob er heiraten möchte, oder nicht.

Sollte er sich gegen den Zölibat entscheiden, kann er heiraten, und kann sich zum Diakon weihen lassen. Die Arbeit eines Diakons ist ein zunehmend wichtiger Bereich in der Kirche, dessen Wert nach und nach neu entdeckt wird. Es wäre also keine schlechte oder minderwertige Wahl.

Noch viel weniger Druck kann man glaube ich nicht ausüben.

Sollte der Kandidat also sich selber über Jahre hinweg geprüft haben, sollte er über Jahre hinweg von anderen geprüft worden sein, dann kann er in der Diakonenweihe dem Bischof persönlich und ohne Zwang versprechen, von nun an ehelos zu leben. Er verspricht das um des Himmelreiches Willen (Mt 19,12).

Zu diesem Zeitpunkt ist ein männliches Wesen üblicherweise schon darüber informiert, dass es so etwas wie Frauen gibt, und weiß, was man mit Frauen alles anstellen könnte. (Innerhalb einer Ehe, versteht sich!)

Wer also behauptet, Priester würden in eine Falle tappen oder zu etwas gedrängt, erzählt schlicht Blödsinn!

Sicher, das hier beschriebene Prozedere ist ein positives Soll. Aber vereinzelte Negativbeispiele ändern nichts am Gesollten.

Aber ich sprach von den Gründen für den Zölibat.

Einer der Gründe ist praktischer Natur. Ein Priester verspricht bei der Weihe nicht nur die Ehelosigkeit, sondern auch den Gehorsam seinem Bischof gegenüber.

Das umfasst zum einen die Frage, was er tut, zum anderen auch die Frage danach, *wo* er das tut. Besteht ein großer Mangel in einer weit entfernten Gegend, muss ein Priester seinem Bischof gehorchen, seine Koffer packen und gehen.

Werden Missionare gebraucht, um, sagen wir, in Afghanistan Bibeln an Talibankämpfer zu verteilen – packt der Priester seine Koffer und geht. Gut, okay, das letzte Beispiel ist etwas weit hergeholt. Ich halte es für reichlich unwahrscheinlich, dass ein Bischof seine Priester auf solche Himmelfahrtskommandos schicken würde. Aber dem Grunde nach wäre das möglich.

Sehr viel wahrscheinlicher ist, dass Priester häufig versetzt werden. Tatsache ist, dass sie miese Arbeitszeiten haben: keinen Sonn- und Feiertag frei! Tatsache ist, dass Priester sehr lange Wochenarbeitszeiten haben. Tatsache ist, dass Priester mit 65 Jahren noch lange nicht in den Ruhestand gehen können. Und Tatsache ist, dass ein Paulus keinesfalls so viele und so erfolgreiche Missionsreisen unternehmen hätte können, wenn er verheiratet gewesen wäre.

Der absolute Freimut im Handeln wäre ihm, da bin ich ziemlich sicher, abhanden gekommen. In der Tradition des Paulus konnten auch während des Zweiten Weltkriegs und während der vielen Kriege zuvor viele Priester (und natürlich auch Ordensleute) ein aufrechtes Zeugnis für Gott geben. Sie waren frei von jeder Sorge um Frau und Kinder.

Um keine Missverständnisse aufkommen zu lassen: Die Zahl verheirateter Märtyrer ist sicher höher als die der getöteten Priester. Und Priester sind auch keine besseren Menschen. Sie haben nur einen anderen Dienst. Nicht besser, aber anders.

Aber wieder zurück zum Eigentlichen. Die Ehelosigkeit ist also ein freiwilliges, nach reiflicher Überlegung gegebenes Versprechen. Keine „Gefühlssache", sondern eine verstandes- und willensmässige Entscheidung.
Viele Menschen halten dieses Versprechen für schlicht unmenschlich. Wie kann denn ein Mann versprechen, ein Leben lang ohne körperlichen Kontakt zu einer Frau zu sein? Was passiert, wenn der Priester sich nach 10, 15 Jahren Dienst plötzlich in eine Frau verliebt?
Nun, die Antwort ist klar: Es passiert das gleiche, wie bei einem verheirateten Mann. Er muss sich entscheiden, ob er seinem Versprechen treu sein oder es brechen will.

Genauso gut könnte ja jemand auf die Idee kommen, dass es unmenschlich sei, wenn sich zwei Menschen in der Ehe lebenslange Treue versprechen. Was passiert, wenn ich nach einigen Ehejahren feststelle, dass auch andere Mütter schöne Töchter haben?

Was passiert, wenn meine Frau mit Mitte 40 nicht mehr so knackig aussieht wie mit 18? Oder, ganz schlimm, was passiert, wenn sie durch eine Krankheit ihre äußere Schönheit oder ihren Verstand einbüßt?

Dann gibt es nur die zwei Entscheidungen: Entweder ich bleibe ihr treu und halte mein gegebenes Versprechen – oder ich breche es. Genau wie ein Priester. Ich bin sicher, dass viele Priester an der Ehelosigkeit manchmal leiden. Einige vielleicht auch schwer leiden.

Aber ebenso kann ein verheirateter Mann leiden, der sich nach der Frau seines Nächsten verzehrt. Ich sehe da keinen Unterschied. In beiden Fällen herrscht ein scheinbarer Mangel. Und ich muss entscheiden, ob der scheinbare Mangel mein gegebenes Versprechen beeinträchtigen darf oder nicht.

Hart, aber so isses.

Paulus schreibt im 1. Brief an die Korinther im 7. Kapitel einiges über die Ehelosigkeit. Dass es gut sei, zu bleiben wie er (also ehelos), weil Unverheiratete sich mehr um das Reich Gottes kümmern würden als Verheiratete, die immer auch einen Seitenblick auf ihren Partner richten würden.

Wer will, sollte sich das einmal durchlesen. Bei den wenigen Versen, die Paulus zu dem Thema schreibt, wird klar, dass er die Ehelosigkeit nicht für eine absolutes Muss erachtet, aber zumindest ihren Wert im Hinblick auf den Dienst für Gott sehr hoch schätzt.

Aber das sagte ich ja bereits.

Ein letzter Punkt pro Zölibat aus Sicht der katholischen Kirche sei genannt: Jesus selbst.

Der war, allen reißerischen Romanen und pseudowissenschaftlichen Enthüllungsgeschichten zum Trotz, gänzlich unbeweibt!

Es waren zwar immer Frauen in seiner Nähe, und die dürften, nach allem, was ich über Jesus weiß, auch durchaus fasziniert von ihm gewesen sein, aber sich eine Frau genommen, hat Jesus nie.

Und das absolut gegen die damals vorherrschende Meinung, ein Rabbi müsse heiraten und möglichst viele Nachkommen in die Welt setzen, um etwas zu gelten.

Der moderne Priester steht, wenn er den Dienst am Altar versieht, an Jesu Stelle. Er übernimmt praktisch dessen Rolle beim Brot brechen und Wein austeilen.

Natürlich wird es auch beim besten, heiligsten und ernsthaftesten Priester immer einen

Unterschied zum „Original" geben – aber zumindest in der Ehelosigkeit kommt er ihm gleich.

Aber damit nun genug zu diesem Thema.

4.5 Grenzüberschreitung

Ich habe dieses Kapitel bewusst „Grenzüberschreitung" genannt. Hier soll es um Abtreibung gehen, ein Thema, das in aller Regelmäßigkeit genannt wird, wenn es um die katholische Lehre zur Sexualität geht. Grenzüberschreitung aus zwei Gründen: Erstens, weil Abtreibung eigentlich nichts mit Sexuallehre zu tun hat und zweitens, weil sie die Überschreitung der Grenze menschlicher Befugnisse darstellt.

Die Lehre der Kirche ist eindeutig: „Seit dem ersten Jahrhundert hat die Kirche es für moralisch verwerflich erklärt, eine Abtreibung herbeizuführen. Diese Lehre hat sich nicht geändert und ist unveränderlich" (Katechismus 2271).

Warum hat nun Abtreibung im eigentlichen Sinn nichts mit Sexualität zu tun? Im normalen Sprachgebrauch nähert sich die Abtreibung, neuerdings ja beschönigend „Schwangerschafts-abbruch" genannt, eher der Verhütung an. Wenn ein „Unfall" passiert, die Pille doch nicht gewirkt oder das Kondom versagt hat, bleibt als letztes Mittel der „Verhütung" eines Kindes eben die Abtreibung übrig … und genau dieser Zusammenhang ist falsch.

Eine Schwangerschaft zu „unterbrechen" gehört in den Bereich des Fünften Gebots: „Du sollst nicht töten."

Ab dem Moment der Zeugung, also der Verschmelzung von Samen- und Eizelle, beginnt neues Leben. Es wird ein neuer Mensch gezeugt, der genetisch unwiederholbar und in seinen Erbanlagen einmalig ist.

Das ist übrigens keine fundamental theologische, sondern eine biologische Aussage. Einen anderen Zeitpunkt für den Beginn des Lebens kann niemand festsetzen. Es braucht keine bestimmte Größe eines Zellhaufens, keine deutlich erkennbaren Gliedmaßen, keine messbar ausgeprägte Intelligenz. Ab der Zeugung besteht neues Leben.

Wer willentlich dieses Leben wieder beendet, tötet es. Es handelt sich, wenn man es genau nimmt, um Mord an einem schutzbedürftigen Kind.

Egal, welchen verharmlosenden Begriff man dafür auch finden mag.

Gott aber sagt: „Noch ehe ich dich im Mutterleib formte, habe ich dich ausersehen, noch ehe du aus dem Mutterschoß hervorkamst, habe ich dich geheiligt." (Jer 1,5)

Das bedeutet nichts anderes, als dass Gott bereits einen wunderbaren Plan für dieses unscheinbare Wesen hat, das im Werden begriffen ist, noch bevor es auf die Welt kommt.
Wer ein ungeborenes Leben tötet, pfuscht Gott also ganz gehörig ins Handwerk.

Von den vielen psychologischen Auswirkungen auf die Menschen, die abtreiben oder abtreiben lassen, will ich an dieser Stelle nicht sprechen. Sie sind zwar schwerwiegend, aber nicht ausschlaggebend für die Entscheidung der katholischen Kirche, an der absoluten Ablehnung der Abtreibung festzuhalten.

5. Vielgötterei in neuem Gewand? Maria und ein Haufen Heiliger

In der schönen Stadt Rom gibt es einen sehr beeindruckenden ehemaligen Tempel aus antik-römischer Zeit, das Pantheon.
Die Anzahl der Götter, die es im alten Rom zu verehren gab, war so groß, dass der Gedanke,

einfach einen Tempel für alle Götter zu errichten, nahe lag.

So konnte kein Gott versehentlich vergessen werden, und man sparte sich einige Kilometer Fußmarsch in den unbequemen Sandalen. Nicht mehr fünf Tempel täglich aufsuchen, sondern nur noch einen. Eine Idee, die sich zur Einrichtung der modernen Supermärkte weiterentwickelt hat.

Kommt ein unbedarfter Besucher in eine bayerisch-barocke Dorfkirche, könnte er ob der Bilderpracht und Anhäufung von Statuen auf einen ähnlichen Gedanken verfallen. Ein Kirchengebäude, viele Götter darin.

Und fragt man einen evangelikalen bzw. protestantischen Christen, so würde der das wohl auch so bestätigen. (Nebenbei: Muslime halten bereits die Lehre von der Dreifaltigkeit Gottes für polytheistischen Humbug. Aber auch das noch zu erklären, würde hier zu weit führen).

Da scheint doch tatsächlich die Vielgötterei wieder Einzug gehalten zu haben!

Beinah noch „schlimmer" als wir Katholiken sind da orthodoxe Kirchen. Koptische, armenische, äthiopische Kirchen. Da wimmelt es von Ikonen und Bildnissen, die offenbar mehr oder weniger wichtige Nebengötter zeigen.

Hatte Gott nicht im ersten seiner zehn Gebote gesagt: „*Ich* bin der Herr dein Gott. Du sollst neben mir keine anderen Götter haben ..." (nach Ex 20,2ff)?

Doch, hat er. Darum kann die katholische Kirche auch nicht anders, als zu lehren, dass die 10 Gebote schwerwiegende Verpflichtungen sind, die unveränderlich, immer und überall gelten (Katechismus 2072). Ergo auch das erste Gebot.

Eine Vielgötterei kann es also nicht sein, die da betrieben wird.

Ich gebe zu, die Klarstellung hierzu, wo rechtgläubige Heiligenverehrung endet und unchristlicher Götzenkult anfängt, ist durchaus schwierig.

Machen wir es wie gehabt und fangen am Anfang an. Ein jeder einzelne Christ, ob Frau, ob Mann, groß oder klein, ist zur Heiligkeit berufen.
„Ihr sollt also vollkommen sein, wie es auch euer himmlischer Vater ist." (Mt 5,48)

5.1 Was aber bedeutet das, „Heiligkeit"?

Würde ich mich in einer repräsentativer Studie wieder selbst befragen, könnte ich eventuell folgende Antworten erhalten: „Heiligkeit heißt, keinen Spaß mehr zu haben. Langweilig zu sein und den ganzen Tag beten. Heilige sind

Stubenhocker, die keine Fehler machen. Heiligkeit heißt fromm dreinzuschauen und nichts mehr mit normalen Menschen zu tun haben wollen."

Ich könnte diese Liste mit Falschaussagen und Fehlinterpretationen noch einige Zeilen lang fortsetzen. Warum? Weil ich diesen (Trug-) Bildern von Heiligkeit selbst schon aufgesessen bin. Der Grund ist ganz einfach der, dass den Menschen das Gefühl dafür verloren gegangen ist, was Heiligkeit im eigentlichen Sinn bedeutet.

Jesus sagt: „Ich will, dass ihr das Leben habt – und es in Fülle habt"! (nach Joh 10,10). Die Sache mit „keinen Spaß mehr haben" und langweilig in einer Ecke zu hocken, kann man also schon getrost vergessen. Wer meint, Heiligkeit durch Langeweile zu erlangen, macht definitiv was falsch, denn er widerspricht damit Jesus selbst.

Geht man rein von der Wortbedeutung aus, so meint Heiligkeit der Zustand des Heil-Seins. Wer heil ist, dem haftet kein Makel an, der ist so, wie er ursprünglich erdacht war. Der eine groß und bärbeißig, die andere zart und sanft. Jeder Mensch hat seine eigenen Gaben von Gott. Um aber wirklich heil zu sein, genügt nicht, keine Fehler zu machen! Es bedeutet lediglich, sich nach Gottes Liebe auszustrecken und zu versuchen, ihm immer wieder neu nachzufolgen. Was, Sie glauben nicht, dass das so einfach ist? Na dann verweise ich noch mal auf mein Kapitel über den Papst, genauer über den Teil mit Petrus.

Petrus ist nach Meinung der katholischen Kirche ein Heiliger. Aber war er ohne Fehler? Mitnichten! Von keinem anderen Jünger werden mehr Fehler und eingetretene Fettnäpfe berichtet, als von ihm. Oder Paulus. Der große Völkerapostel, der missioniert hat, dass selbst ein Billy Graham in unseren Tagen trotz aller medialen Möglichkeiten neidisch wird. War er ohne Fehler? Wohl kaum. In der Zeit vor seiner Bekehrung wollte er die frühen Gemeinden mit Stumpf und Stil ausrotten, und nach seiner Bekehrung hat er mit seinen Worten wohl auch einen Haufen Leute vor den Kopf gestoßen.

Der Grund, warum ein Mensch heilig ist, liegt also nicht darin, dass er keine Fehler mehr macht. Er liegt einzig und allein darin, dass er sich trotz seiner Fehler nie von Gott abwendet, sondern immer wieder aufs Neue versucht, es besser zu machen.

Er liefert sich mit all seinen Macken, Unzulänglichkeiten, Schrullen und Leidenschaften Gott aus, in der Hoffnung, dass er ihm dabei hilft, das Beste daraus zu machen.

Genau das macht den Unterschied. Petrus und Judas waren am Tag der Gefangennahme Jesu gar nicht so verschieden, meiner Meinung nach.
Judas hat Jesus für die berühmten dreißig Silberlinge verraten, Petrus ihn nachdrücklich verleugnet. Beides ziemlich miese Positionen in der Weltgeschichte.
Aber Petrus wurde ein Heiliger, weil er sich Jesus wieder zuwandte. Ihm wurde vergeben.
Judas wandte sich völlig von ihm ab und erhängte sich. Er behielt seinen schlechten Ruf bis auf den heutigen Tag.

Soweit der grundlegende, kurze Exkurs zum Thema Heiligkeit.

5.2 Das Who-is-who

Jesus beruft also Menschen zur Heiligkeit, zur echten Beziehung mit ihm – und es gibt Menschen, die diesem Ruf tatsächlich folgen. Vermutlich gibt es sogar eine ganze Menge davon, warum sonst würde in der Offenbarung des Johannes (7,9) von einer unzählbar großen Schar gesprochen, die sich da im Himmel tummelt?
Aber weiter im Text. Es ist nach Meinung der katholischen Kirche absolut wahrscheinlich, dass es sehr viele Heilige auf der Welt gibt;

den Fabrikarbeiter, der sich sonntags nur mühsam in die Kirche schleppt genauso wie das Jet Set Girlie, das in all ihrem Glamour Gott wirklich treu ist.

Das Problem: Die kennt niemand namentlich!

Darum war es bereits zur Zeit der ersten Christen üblich, ganz offensichtlich heilige Menschen, wie z.B. Petrus oder Paulus, auch nach ihrem Tod zu verehren, denn auf deren Heiligkeit konnte man sich verlassen.

Sie stachen aus der Menge der „normalen" Heiligen einfach heraus. Gott hatte durch sie so viele Zeichen und Wunder gewirkt, dass es einfach offensichtlich war, dass sie in seinen Augen auf dem korrekten Weg waren.

Wer mir nicht glaubt, möge nach Rom fahren und sich die Katakomben anschauen. Neben allerlei Kritzeleien von Touristen findet man an den Wänden auch Loblieder auf die Dahingegangenen, die Apostel und andere Märtyrer ihrer Zeit, sowie die Bitte um Fürbitte durch sie.

(So war es auch nicht weiter verwunderlich, das diese frühen Christen über den Gräbern der Heiligen auch Altäre bauten und Gottesdienst feierten.)

Und damit haben wir bereits den ersten Job, den Heilige nach ihrem Tod zu erledigen haben: Sie sind Vorbilder für die Lebenden!

Nicht jeder und jede Heilige gleichermaßen für jeden Menschen, aber immerhin.

Es gibt da einen coolen Satz, von dem ich leider nicht weiß, von wem er stammt: „Gott erschafft die Menschen als Originale. Die meisten sterben als Kopie."

Heilige sterben eben nicht als Kopie, weil sie versuchen, ihren je eigenen Gaben gerecht zu werden.

Von Heiligen kann man also lernen, ein Original zu bleiben oder wieder zu werden.

Man kann aber auch andere Dinge von ihnen lernen: in Bedrängnis und Verfolgung standhaft zu bleiben (diverse Märtyrer), seine Prioritäten richtig zu setzen (Franz von Assisi), was es heißt, wirklich dem Nächsten zu dienen (Mutter Theresa).

Wenn ich geistlich mal wieder etwas lau bin, ich mir irgendwie einen geistlichen Muskelkater geholt habe, oder das bequeme Leben dem Abenteuer mit Gott vorziehe ... dann hole ich mir eine Heiligenbiographie.

Es gibt wenig, was spannender ist, und wenig, was einem Tritt in den Allerwertesten näher kommt.

Kleiner Exkurs: Die Heiligsprechung
In einem Heiligsprechungsverfahren (das mittlerweile juristisch ziemlich kompliziert ist), wird geprüft, ob diese Person wirklich als ein

Vorbild im Glauben gelten kann.

Erst wenn alle Zweifel ausgeräumt sind, wird der neue Heilige der ganzen Kirche als solcher offiziell vorgestellt. Obacht! Die katholische Kirche erklärt oder ernennt niemanden zum Heiligen. Sie bestätigt lediglich die Heiligkeit, die der Mensch in seiner Erdenzeit vorgelebt hat und die Gott mit Zeichen bestätigt hat.

5.3 Der kleine Dienstweg

Aber der Grund, warum sich Katholiken scheinbar so wohl mit ihren Heiligenbildern in den Kirchen fühlen, erschöpft sich nicht in der Vorbildwirkung.

Nehmen wir mal (natürlich rein hypothetisch!) an, *ich* sei so ein Heiliger. Ich folge Gott, wohin er mich ruft, mal freiwillig, mal weniger. Irgendwann, wenn der Kaffeekonsum meinen alten Körper völlig ausgelaugt hat, sterbe ich. (Ich könnte natürlich auch aus anderen Gründen sterben; aber gegenwärtig ist ein Koffeinschock einfach das Naheliegendste!) Was passiert dann mit mir?

Nach katholischer Lehre bin ich dann nicht einfach nicht mehr da, sondern ich bin dann bei Gott! Mit andern Worten: Mein alter Körper streikt, aber mein neuer Körper und mein Geist leben.

Mit jemandem der lebt, kann ich aber auch
sprechen, wenn ich will, oder?

Gestorbene Heilige haben den großen Vorteil,
dass sie jetzt endlich ganz bei Gott sind. Sie
sind so nahe an der Quelle aller möglichen
Gnaden, wie man als Mensch nur kommen kann.
Es ist also ohne weiteres möglich, so einen
Heiligen, der quasi nur von der Welt zu Gott
umgezogen ist, zu bitten, mir etwas von dem
Reichtum dort zukommen zu lassen.

Alle Voraussetzungen dafür sind gegeben. (Hier
bitte ich aber darum, genau zu unterscheiden,
dass es sich um keine Totenbeschwörung oder
etwas ähnlich Okkultes handelt. Gewaltiger
Unterschied! Man ruft keine Geister herbei,
sondern spricht mit guten Bekannten. Das nur
nebenbei.)

Wohlgemerkt: Nicht ein Heiliger gibt mir etwas.
Der Geber bleibt Gott!!! Nur der Versender ändert
sich.

Das ist, wie wenn ich einen Verwandten hätte,
der sich als Dauergast im Hause von Bill Gates
aufhält. Er hat zweifellos engere Kontakte zum
reichsten Mann der Welt als ich, der ich in
Deutschland wohne und lediglich ein wackeliges
Betriebssystem von Herrn Gates nutze. Ich
könnte mich an diesen Verwandten wenden und
ihn bitten, bei Herrn Gates, wenn er ihn zum
Essen trifft, mal nachzufragen, ob vielleicht ein
neues kostenloses Update für meinen Computer

drin wäre. Und eine Million Dollar, wo wir schon dabei sind.

Er würde hingehen und fragen, und Herr Gates würde vielleicht zustimmen. Mein Verwandter würde das ganze dann hübsch einpacken und mir per Kurierdienst und mit einem schönen Gruß vom Chef vorbeischicken.

Genauso funktioniert das mit den Heiligen. Im Hebräerbrief (12,1) wird von einer Wolke von Zeugen gesprochen. Das sind, nach katholischer Lesart, die Heiligen, die bereits bei Gott sind. Das sind meine Verwandten im Geiste. Sie haben zwar keinen persönlichen Besitz, aber Gott, bei dem sie jetzt wohnen, hat mehr als genug von allem und er teilt gern!

Und damit ist auch der zweite Job eines Heiligen beleuchtet: als Fürbitter für mich bei Gott zu wirken und die ein oder andere Gnade zu erwirken.

5.4 Maß halten

Ich hoffe, bei den vorgenannten Kapiteln wurde klar, dass es immer rein auf den Bezug zu Gott ankommt.

Heilige sind keine Vorbilder, weil sie besonders tolle Menschen waren, sondern weil sie in ihrem

Leben Gott an die erste Stelle gesetzt haben. Sie sind auch keine Fürsprecher, weil sie Macht über Gott hätten, oder irgendeine Art von eigener Macht. Im Gegenteil: Sie können das, was sie können (Fürsprache), nur, weil sie Gott uneingeschränkt und in aller Demut vertrauen und gehorchen.

Was ein echter Heiliger ist, der lenkt den Blick von sich weg und auf Gott hin.
Wie es Johannes der Täufer tat: „Er muss wachsen, ich aber muss kleiner werden." (Joh 3,30)

Damit ist eigentlich auch schon das Wesentliche darüber ausgesagt, wie rechte Heiligenverehrung aussehen sollte: Man kann sie ehren, in dem Sinn, ihrer ehrend zu gedenken, man kann sie, wie oben gezeigt, um Gebetsunterstützung bitten – aber man kann sie keinesfalls anbeten! Anbetung gebührt Gott allein. Es ist nach Lehre der Kirche schwere Sünde, einen Menschen anzubeten. Der angebetete Mensch würde zum Götzen – und dann wären wir wirklich wieder bei der faktischen Vielgötterei.

Was sollen also die so häufig anzutreffenden Heiligenbilder in den Kirchen? Sie sollen zur Verehrung einladen. Indem man der Heiligen ehrend gedenkt, ehrt man das Wirken Gottes in deren Leben.

5.5 Der ganz besondere Sonderfall – Maria

5.5.1 „Geboren aus der Jungfrau"

Glaubt wirklich noch irgendwer an die Jungfrauengeburt?
Ja. Ich. Also gibt es mindestens einen Menschen, auf dieser Welt, für den es eine Tatsache ist, dass Jesus von einer Jungfrau geboren wurde.

Die katholische Kirche vertritt diese Lehre der Jungfrauengeburt von Anfang an. Und, das ist vielleicht noch bemerkenswerter, sie meint es auch wortwörtlich damit.

Maria hatte noch nie mit einem Mann geschlafen, als sie schwanger wurde und Klein-Jesus zur Welt brachte.

Es gibt eine ganze Palette von Theologen, Autoren, Feministinnen, Esoterikern etc., die immer wieder beweisen wollen, dass das ja nur im übertragenen Sinne gemeint sei.
In Wahrheit sei Jesus der Sohn des Josef. Oder: der Sohn eines römischen Soldaten, der Maria vergewaltigt hatte. Oder: der Sohn eines der Söhne Josefs aus erster Ehe, mit dem Maria heimlich ein Verhältnis hatte.
Es gibt mindestens so viele Theorien, wie es

Männer im damaligen Palästina gab. Will sagen: Jeder ist verdächtig!
Nicht so die Kirche: Sie beharrt darauf, dass Jesus im Leib der Maria durch das Wirken des Heiligen Geistes gezeugt wurde.

Nebenbei bemerkt: Jungfrauengeburt, auch Parthenogenese genannt, wurde bereits wissenschaftlich im Tier- und Pflanzenreich beobachtet. Beim Menschen allerdings noch nicht. Es ist also selbst nach wissenschaftlichen Kriterien ein gewisses „Restrisiko" für eingefleischte Skeptiker vorhanden ... es wäre ja möglich ...?

Nun, warum ist den Katholen das so wichtig? Auch hier könnte man wieder allein 10 Bücher nur zu diesem Thema schreiben, ich will aber versuchen, es in wenigen Sätzen zu erklären. Fangen wir wieder mal bei Adam und Eva an. Die beiden hatten mächtig Spaß im Paradies, bis es der Eva auf Einflüsterung der Schlange hin plötzlich einfiel, von den verbotenen Früchten zu naschen. Voilà, die erste Sünde war begangen, der erste Ungehorsam gegen Gott war da.
Und weil nichts, was wir tun, ohne Folgen bleibt, wie die Chaosforschung ja mittlerweile festgestellt hat, war damit der Keim für alle folgenden Sünden gelegt.
Diesen Hang, sich gegen Gott zu wenden, vererbten Adam und Eva munter an die

Nachkommenschaft weiter. Die machten das ebenso – die Erbsünde war geboren.
Seit der Zeit Adams und Evas und ihrer Kinder wurde kein einziger Mensch mehr ohne Sünde geboren.

Diesen Zustand konnte Gott aber auf Dauer nicht befriedigend finden, denn schließlich wollte er seine Menschen ja um sich haben, sonst hätte er sie ja gar nicht erst zu schaffen brauchen.
Die Sünde musste also wieder weg.
Weil Gott aber nicht nur allmächtig, sondern auch unendlich gerecht ist, brauchte es dafür einen gewissen Ausgleich. Der einzige würdige Ausgleich aber, um eine so unendliche Sündenlast, die sich im Lauf der Zeit angesammelt hatte (und noch ansammeln wird!) zu tilgen, wäre aber Gott selbst.

Wie aber sollte Gott sich selber etwas ausgleichen, was Menschen verbockt hatten?

Da kam Gott auf die Idee, selbst Mensch zu werden: Jesus!

(Anmerkung: Theologisch ist diese etwas revanchistische Sicht der Dinge nicht mehr ganz up do date. Aber alle Verästelungen der Sühnetheologie darzustellen, würde mich überfordern und nur wenig Neues zum Thema „Maria" beitragen.)

Um Mensch zu werden, musste Jesus aber auch von einem weiblichen Menschen geboren werden. Klar. Jeder Mensch aber ist, Adam und Eva sind schuld, zumindest mit der Erbsünde belastet.

Wäre Jesus von einer erbsündigen (ich find den Ausdruck echt lustig!) Frau geboren worden, wäre er selber sündig, könnte also nicht mehr als makelloses Opferlamm durchgehen.

Also musste diese Sünde weg.

Immer noch klar?

Das meint in groben Zügen die Lehre der „Unbefleckten Empfängnis". Das nur kurz zur Abgrenzung.

Aber wieder zurück zur Jungfrauengeburt als solcher.

Wie im Kapitel über Ehe und Sex schon beschrieben, bedeutet es eine praktisch unlösbare Verbindung zwischen Mann und Frau, wenn die beiden Sex haben.

Hätte also Maria schon mit einem Mann geschlafen, wären sie und dieser Mann im Sinne der Bibel bereits „eins" gewesen.

Gott hätte sich mehr oder weniger als Dritter dazwischen geschmuggelt. Das aber kann ja wohl nicht sein!

Also musste es eine noch unberührte, folglich auch ungebundene Frau sein.

Alles logisch, oder?

5.5.2 „Bitte für uns Sünder"

Wie in dem Abschnitt über Heilige allgemein
schon gezeigt, ist es möglich, sich an die Leute
zu wenden, die schon den Weg zu Gott gegangen
sind.
Das gilt für Maria, die leibliche Mama des
Erlösers, und damit auf eine nur schwer fassbare
Art und Weise auch „Mutter Gottes", natürlich im
Besonderen.

Dafür gibt es einige gute Gründe.
Jeder gute Sohn hört auf seine Mama. Jesus
macht da auch keine Ausnahme …
Wenn man sich das überlegt; schon eine irgendwie krasse Vorstellung; mein kleiner Sohnemann
ist der Mensch gewordene Gott, Schöpfer des
Alls, aber hört auf mich, wenn ich ihn um etwas
bitte. Wie Maria wohl damit umgegangen ist?
Ich stelle mir das ehrlich schwierig vor: „Jesus,
bringst du mal den Müll raus?", oder: „Nein,
Jesus, du darfst jetzt nicht mehr spielen. Mach
deine Hausaufgaben und lern die Psalmen
auswendig, die dir der Rabbi aufgegeben hat."
Traut man sich so mit seinem göttlichen Sohn zu
sprechen?
Ich hab keine Ahnung.
Aber ich kann mir gut vorstellen, dass Maria
ihren Sohn durchaus streng erzogen hat, und
es gewohnt war, ihm auch mal die Richtung zu
zeigen.

Anders könnte ich mir Geschichten, wie die der Hochzeit zu Kana nicht erklären.
Frei erzählt nach Joh 2:
Jesus, seine Mutter und seine Jünger waren auf eine Hochzeit eingeladen, die war in Kana. Das Fest war lustig, aber nach einiger Zeit, das Fest sollte noch lange nicht enden, kam seine Mutter zu ihm und sagte: „Jesus, sie haben keinen Wein mehr!"
Jesus saß in einer Ecke und sah dem bunten Treiben zu.
Er sagte: „Frau, was geht das mich an? Meine Stunde ist noch nicht gekommen!"

Maria aber kannte ihren Sohn. Sie rümpfte die Nase und ging zu den Dienern des Hauses und sprach: „Der dort drüben in der Ecke ist mein Sohn. Ja, genau der mit den langen Haaren. Was er euch sagt, das tut."
Und mit einem Seitenblick auf Jesus ging sie an den Tisch der Brautleute, um sie zu beruhigen. Denn die waren schon äußerst angespannt und das Lachen in ihren Gesichtern wirkte etwas künstlich.
Eine Hochzeit, auf der der Wein ausging. Welche Schande!

Jesus sah zu Maria, zu den Brautleuten. Sah auf seine Jünger, die um ihn herum saßen und denen er gerade etwas über die Freigiebigkeit Gottes erzählt hatte.

Er blickte zu den Weinkrügen, kratzte sich am Kopf und stand auf.

„Füllt die Krüge randvoll mit Wasser", bat er die Diener, hob die Augen kurz nach oben, runzelte die Stirn und nickte seiner Mutter zu.

„Bringt dem Speisemeister etwas davon. Er soll sehen, ob man das trinken kann."

Der Speisemeister, der nicht wusste, woher der Wein kam (denn das Wasser hatte sich in Wein verwandelt!), ging zum Brautpaar und war ganz außer sich: „Warum habt ihr denn mit dem guten Wein so lang gewartet? Normal kommt der doch zuerst, und wenn die Leute schon angeheitert sind, kommt der schlechtere ..."

Maria aber grinste sich eins.

Das war das erste Wunder, das Jesus wirkte.

Gut, wie gesagt, das ist jetzt meine etwas freie Version der Geschichte. Aber alles Wesentliche sollte ersichtlich sein. Maria bittet ihren Sohn um ein Wunder. Nicht für sich, sondern für Dritte. Und er handelt, auf ihre Bitte hin.

Und es ist auffällig: Maria läuft nicht herum und sagt: „Schaut, was ICH für euch getan habe!", sondern sie taucht die ganze Geschichte lang nicht mehr auf. Sie gibt den Blick frei auf Jesus. Ja, sie befiehlt sogar, nur auf ihn zu hören „was *er* euch sagt, das tut!"

Darum wird Maria seit der Zeit der ersten

Christen Verehrung zuteil und wird sie um
Fürbitte angerufen.

6. Ökumene, Abendmahl etc.
6.1 Ökumene

„Alle sollen eins sein: Wie du, Vater, in mir bist,
und ich in dir bin, sollen auch sie in uns eins
sein, damit die Welt glaubt, dass du mich
gesandt hast" (Joh 17,21).
Wer offenen Auges durch die Welt streift, wird
feststellen, dass gerade die Christen die Kunst
der Spaltung auf die Spitze getrieben haben.
Ich will ja nicht zynischer sein als nötig, aber
wenn man im Internet surft, trifft man auf die
absonderlichsten Glaubensgemeinschaften.
Da spalten sich teilweise drei Leute von einer
Gemeinschaft aus 15 Personen ab und gründen
eine eigene Gemeinschaft, die „Ultimativ
Allerheiligsten der allerletzten letzten Endzeit"
oder ähnlich verheißungsvolle Gruppen. Die 15
wiederum haben sich vor Jahren von einer
größeren Ortsgemeinde abgespalten, die sich
ihrerseits vor 20 Jahren von einer größeren
Gemeinde abgetrennt hat, die sich ihrerseits aus
ausgeschlossenen Mitgliedern einer exklusiven
Gemeinschaft der „endzeitlichen Heiligen"
gebildet hatte.
Oder so.

Und jede einzelne dieser Gemeinschaften beansprucht für sich, nun aber wirklich die beste aller christlichen Kirchen zu sein und das Wort Gottes „endlich" in seiner ganzen Kraft und Herrlichkeit auszulegen und auszuleben.
Ist keine neue Erfindung. Gab es schon sehr früh. Zum Beispiel die so genannten „Donatisten", um nur eine dieser alten Gruppierungen der ersten Jahrhunderte zu nennen.

Und was es bei obskuren Sondergrüppchen gibt, gibt es auch innerhalb der katholischen Kirche. Ich habe das selbst schon erlebt! Der Kreis derer, die wirklich wissen, was Gottes Wille ist, wurde da sehr schnell immer kleiner ...

Fakt aber ist: Gott will Einheit!
Er will Einheit mit uns – und er will, dass wir Einheit untereinander haben.
Wer jetzt aber Einheit mit völliger Uniformität gleichsetzt, schießt knapp über das Ziel hinaus. Es soll die Vielfalt der Völker und Menschen, je nach ihren verschiedenen Gaben, aber innerhalb einer gemeinsamen Kirche geben (Katechismus 814).

Lehre der katholischen Kirche ist daher, dass eine Verletzung der Einheit Sünde ist, weil sie aus Sünde entsteht (Katechismus 817).
Die Einheit der Menschen mit Gott wurde durch

die Sünde zerstört, ebenso wie die Einheit der Menschen untereinander, also auch der Kirche in sich, durch Sünde zerstört wurde.

Sünde ist aber per se eine miese Sache, die es zu überwinden gilt. Daraus folgt, dass die Sünde der Trennung aufgehoben werden muss.
Was wäre das für ein cooles Gefühl! Man stelle sich allein die Wirkung der christlichen Einheit auf Nichtchristen vor: Alle sprechen mit einer Stimme und beten vereint zu einem Gott – das wäre gigantisch.
Heute allerdings ist das Bild, das wir Christen abgeben, eher mau.

Man stelle sich nur die Verwunderung eines Ureinwohners einer bisher unentdeckten Insel vor:

Plötzlich raschelt etwas im Urwald – und ein verschwitzter Missionar stapft hervor.
Der erzählt ihm etwas von Jesus, Gott und der Liebe. Der Ureinwohner, nennen wir ihn mal Eberhard, bekehrt sich. Wunderbar.
Kurz darauf, Eberhard löffelt gerade seine Bananensuppe, bricht wieder ein Missionar aus dem Busch. „Guten Tag", hebt er an, „kennen sie unseren Herrn Jesus schon?"
Eberhard winkt ab und bietet dem Missionar einen Platz an seiner Feuerstelle an.
„Jesus, sähr gudd. Gud Kumpel mit die Jesus."

Der Missionar ist erbost. „Aber Jesus ist kein Kumpel! Er ist der Herr!"
Mittels einer Rute und vieler Bibelzitate bringt er dem darob etwas ratlosen Eberhard bei, sich hinzuknien und nur gebeugten Hauptes und leise über den „Allerheiligsten Herrn Jesus Christus, Sohn des Allerhöchsten" zu sprechen.

Kurze Zeit darauf kommt ein weiterer Missionar. Auf die Frage, warum er so faul auf dem Boden knie und vor sich hinmurmle, erwidert Eberhard: „Tue bete zu Herre Jesus!"
Der Missionar ist erschüttert.
„Wie kannst du nur glauben, Jesus würde deine Gebete erhören, wenn du so faul auf der Erde hockst und leise murmelst?"
Und er erklärt Eberhard, dass er ausschließlich dann auf Gnade von Jesus hoffen könne, wenn er auf einem Bein hüpfe und dabei ohne Pause laut „Jesus ist der unaussprechlich hoch erhabenen Herr, Herr der Herren, König der Könige, niemals genug zu lobende Herrscher der Weiten des Alls" rufe.

Eberhard, schon etwas angesäuert, aber immer noch guten Mutes, hüpft und schreit also bis zur Besinnungslosigkeit umher. Bis zur errettenden Ohnmacht.
Als er die Augen wieder öffnet, beugt sich ein graumelierter Herr mit einem riesigen goldenen Kreuz um den Hals über ihn.

Eberhard ergreift sofort die Flucht und schließt sich einer kommunistischen Guerillagruppe an.

Gut, gut. Da ist meine Phantasie jetzt vielleicht ein klein wenig mit mir durchgegangen. Aber ein ähnliches Bild geben wir Christen mit Sicherheit ab. Da wird über Dinge gestritten, die selbst Theologen nicht in weniger als zweihundert Seiten einigermaßen plausibel erläutern könnten. Und die für den täglichen Hausgebrauch völlig belanglos sind.
Da gab es Kriege und Kirchenspaltungen wegen Fragen der Formulierung! Völliger Quatsch.

Weil es Quatsch ist, und weil Gottes Auftrag nun mal die Einheit ist, ist es beständige Lehre der Kirche, das diese Einheit anzustreben sei.
Und, wenn man sich allein die letzten 50 Jahre ansieht, ist da auch schon eine Menge geschehen.

Gegenseitige Verurteilungen aus nichtigen Gründen wurden zurückgenommen, man hat sich beieinander entschuldigt, und, das wichtigste überhaupt, man hat wieder verstärkt begonnen, miteinander zu sprechen und zu beten.

Die Crux an der Sache: Der Glaube ist keine Angelegenheit, wo man sich mal eben zusammen setzt und dann darüber abstimmt, wer Recht hat. Oder verhandelt, nach dem Motto:

Ihr verzichtet auf die Heiligenverehrung, wir stimmen dafür dem Gebrauch von Weihrauch zu ...

Das wäre menschengemachter Käse, bei dem am Schluss nichts mehr Bestand hätte.

Also wird der Prozess der Annäherung noch sehr lange dauern.

Aber immerhin. Eingeschlagen ist er.

6.2 Abendmahl – mehr als lecker Essen?

Vor einigen Jahren gab es größere Kabale, weil anlässlich des Ersten Ökumenischen Kirchentages in Deutschland trotz ausdrücklichen vatikanischen Verbotes eine gemeinsame Abendmahlsfeier von Protestanten und Katholiken stattfand.

Es kam zu einem ganz erstaunlichen Medienecho und zu gegenseitigen Beschimpfungen zwischen Befürwortern der Aktion und ihren Gegnern.

Was soll der Schmäh?

Wen kümmert's, ob da jetzt nur die „richtige Partei" am Altar steht oder noch ein paar andere?

Wieso trifft man sich nicht einfach in der Kirche und hält da locker flockig einen gemeinsamen Abendmahlsgottesdienst?

Ich muss zugeben, dass hier tatsächlich die katholische Kirche wie ein Bremser wirkt. Sie spricht einerseits von der Ökumene zwischen den Christen, macht aber einen riesen Zores, wenn es sich um ein unscheinbares Stückchen Brot handelt. Der passende Wein dazu wird ohnehin nur selten gereicht.
Warum, warum, warum?

Der Grund ist ebenso simpel wie vielschichtig. Dieses Stückchen ungesäuerten Brotes, das die Katholiken während der Kommunion ausgeteilt bekommen, ist nach katholischer Lehre wesentlich mehr, als das Auge sieht.
Es ist – und das ist eines der größten Mysterien des Katholizismus insgesamt – der „Leib Jesu", Jesus selbst. Unscheinbar, aber den Augen sichtbar. Man würde nichts Falsches sagen, wenn man behauptete, dieses Stück Brot wäre das Zentrum des Glaubens und der Kirche.

Brot ist Brot, ist kein Brot, ist mehr als Brot. Katholiken glauben, dass während der Wandlung (das ist der Teil einer katholischen Messfeier, in der der geweihte Priester nacheinander am Altar stehend Brot und Wein hochhebt und betet; auch Glöckchen werden meist geläutet, um den Augenblick zu verdeutlichen) aus dem Brotscheibchen tatsächlich der Leib Christi wird, aus einem Schluck Wein das Blut Christi.
Ganz wortwörtlich.

Ist auch die optische Erscheinung und möglicherweise die chemische Zusammensetzung unverändert, ist es doch im Glauben gewandelt. (Nicht gleichzusetzen mit „verzaubert", bitte! Auch Harry Potter könnte nie aus Brot und Wein Fleisch und Blut Jesu machen.)

Von sich aus würde vermutlich kein Mensch auf die Idee kommen, hinter Brot und Wein mehr zu sehen als eben Brot und gegorenen Traubensaft. Schon gar kein wissenschaftlich beleckter Zeitgenosse.

Allerdings sind die Worte Jesu in diesem Zusammenhang unmissverständlich: „Nehmt und esst. Das *ist* mein Leib ... Das *ist* mein Blut ... Tut dies zu meinem Gedächtnis." (Mt 26,26; Lk 22,19)
Wenn Jesus solch eigentlich unverständliche Dinge behauptet, dann täte man trotz allem schlecht daran, ihn nicht ernst zu nehmen.

Jetzt könnte man natürlich auf die Idee kommen und meinen, Jesus habe das im übertragenen Sinn gemeint, mehr symbolisch eben.
Ist zwar eine nahe liegende Überlegung, hat die katholische Kirche so niemals anerkannt. Bereits seit der Zeit der allerersten Gemeinden und der Kirchenväter war es unbezweifelt, dass Jesus in Brot und Wein real gegenwärtig sei. Darum spricht man auch von „Realpräsenz".

Und, wenn ich ehrlich sein soll: So kurz vor
Leiden und Sterben würde ich mich hüten, noch
irgendwelche symbolischen Aussagen zu treffen.
Ich wäre da so direkt wie möglich.
Schließlich war auch Leiden und Sterben Jesu
nicht nur symbolisch, sondern real.

Wer sich in das Leben von Heiligen einliest, wird
darin immer eine ganz besondere Liebe zum
eucharistischen Leib Jesu finden. Ein Franz von
Assisi, der eigentlich dafür bekannt ist, in
kompletter Armut und ohne jeden Besitz gelebt
zu haben, war immer sehr darum bemüht, dass
auch in der erbärmlichsten Dorfkirche zumindest
ein schöner Tabernakel und eine möglichst
schöne Monstranz vorhanden waren, um die
Eucharistie würdig aufzubewahren.

Oder ein Pater Pio. Während der Wandlung
konnte es passieren, dass er völlig erstarrte, den
Blick auf die Hostie gerichtet. Und mitunter blieb
er mehrere Stunden am Altar, bis sich jemand
fand, der ihn anstubste, damit die Messe einmal
fertig würde.

Um einmal ein anderes Bild zu gebrauchen:
Nehmen wir ein Stück Kohle. Es ist schwarz, es
schmutzt und es ist billig. Chemisch gesehen
besteht es aus dem Element Kohlenstoff „C".
Nimmt man aber jetzt die richtigen Umstände
wie hohe Temperatur, gewaltigen Druck und ein

paar Millionen Jahre Zeit, dann wird aus so einem schwarzen Klumpen Kohle etwas anderes. Nämlich ein Diamant! Ist durchsichtig, glänzend und sauteuer. Chemisch gesehen ist ein Diamant aber nichts anderes als Kohlenstoff, im Periodensystem das Element „C".

So in etwa ist das mit der Wandlung. Aus unscheinbarem Brot für wenige Cent wird etwas unendlich Wertvolles, nämlich Jesus selbst! Es wird nicht zu Jesus gemacht, sondern Jesus macht sich dazu. Er liefert sich uns freiwillig aus.

Bereits zu Lebzeiten von Jesus gab es wegen dieser Sache mit Leib und Blut etlichen Streit, und eine Menge Jünger verließen Jesus deswegen (Joh 5,50 ff), weil er behauptete, sein Leib sei tatsächlich eine Speise, sein Blut tatsächlich ein Trank.

Unerhörte und lästerliche Worte für die Juden, denen Kannibalismus ebenso verboten war wie der Genuss von Blut. Auch für Nichtjuden sicher keine allzu erstrebenswerte Vorstellung ...

Aber dennoch eine Glaubenswahrheit. Wenn auch eine, die rational nur schwer fasslich ist. Darum auch schreibt Paulus im ersten Brief an die Korinther (11,27 ff), ein jeder solle sich selbst prüfen, ob er den Leib des Herrn auch richtig beurteile.

Denn den Leib des Herrn unwürdig zu empfangen, wäre schwere Sünde.

Und genau da haben wir jetzt die beiden Hauptpunkte zusammen, die momentan eine Mahlgemeinschaft zwischen den Katholiken und einem Großteil der anderen Konfessionen ausschließen: Viele Christen glauben nicht, dass der Leib des Herrn eben der tatsächliche Leib des Herrn ist. Und: Die Eucharistie nicht in rechtem Glauben zu empfangen, wäre Sünde. Seinen Bruder aber offenen Auges eine Sünde begehen lassen, wäre für sich selbst auch wieder Sünde.

Aus diesem Grunde hat der damalige Kardinal Ratzinger erklärt, die Abendmahlsgemeinschaft zwischen den Christen sei das Endziel der Christen (eben weil sie so heilig ist), nicht aber ein einfacher Schritt auf diesem Weg.
So wie es wenig Sinn macht, ein Pferd von hinten aufzuzäumen, wäre es kontraproduktiv, ein vorschnelles Endergebnis um des lieben Friedens Willen haben zu wollen.
Dabei blieben mehr Fragen offen, als wirklich gelöst wären.

6.3 Die ganz die anderen – andere Religionen

Tatsächlich ist es so, dass es auch andere Religionen als das Christentum gibt. Die größte

der modernen Religionen ist der Materialismus –
aber um den soll es hier nicht gehen.

Es gibt eine Vielzahl von Religionen, mit einer
Vielzahl von Göttern. Es gibt natürlich auch noch
die beiden anderen monotheistischen
Weltreligionen, das Judentum und den Islam, die
einige Gemeinsamkeiten mit dem Christentum
haben. Wobei das Judentum als Grundlage des
Christentums natürlich eine sehr hervorgehobene, und endlich auch eine positiv gesehene
Sonderstellung einnimmt.

In der Kirchengeschichte gab es, nachdem man
selber gerade der Verfolgung durch den
römischen Staat entkommen war, vielfach den
Versuch, andere mit Gewalt zu ihrem Glück zu
zwingen. Das wurde auf neudeutsch in den
Spruch umgemünzt: „Und willst du nicht mein
Bruder sein, so schlag ich dir den Schädel ein."
Dass das nicht der Weisheit letzter Schluss sein
konnte, war dabei aber auch schon in der Antike
klar. Die Weisheit setzt sich halt nur nicht immer
durch.

6.3.1 Freund oder Feind?

Aus den oben genannten Gründen hat sich die
katholische Kirche unter anderem den Ruf

erworben, rigoros alles zu unterdrücken und auszumerzen, was nicht christlich ist.

Da sind unter anderem die spanischen Conquistatores, denen es in erster Linie wohl um Gold und nicht um die Seele ging, nicht ganz schuldlos.
Und über die leidigen Kreuzzüge des Mittelalters gegen die Ungläubigen kommt man wohl nie hinweg.

Dass die katholische Kirche die Vertreter anderer Konfessionen mittlerweile als Brüder und Schwestern betrachtet, habe ich an anderer Stelle bereits dargelegt.
Wie aber sieht sie die Mitglieder anderer Religionen?

In Lumen Gentium, einem der wichtigsten Lehrschreiben des II. Vatikanischen Konzils, steht in Absatz 16 zu lesen: „Die göttliche Vorsehung verweigert auch denen das zum Heil Notwendige nicht, die ohne Schuld noch nicht zur ausdrücklichen Anerkennung Gottes gekommend sind, jedoch, nicht ohne die göttliche Gnade, ein rechtes Leben zu führen sich bemühen. Was sich nämlich an Gutem und Wahrem bei ihnen findet, wird von der Kirche als Vorbereitung für die Frohbotschaft und als Gabe dessen geschätzt, der jeden Menschen erleuchtet, damit er schließlich das Leben habe."

Diese (vorsichtig formuliert) etwas sperrigen Sätze rücken zwei Punkte gerade.

Erstens: Die katholische Kirche erkennt an, dass auch im Handeln und der Erkenntnis von Mitgliedern anderer Religionen Gutes und Wahres zu finden sein kann. Gott hat sich schließlich nicht versteckt oder nur in Israel herumgetrieben. Egal, wo und wann Menschen auf der ernsthaften Suche nach Gott waren, konnten sie zumindest ansatzweise auch etwas von ihm erspüren – und in ihrem Herz und Gewissen etwas von seinem Willen entdecken.

Der zweite Punkt: Wer Gott aus eigener Schuld nicht kennt, aber danach strebt, das Gute zu tun, hat aus Sicht der katholischen Kirche dennoch gute Chancen auf den Himmel. Denn Gott ist ein Gott der Gnade.

Paulus begründet das in seinem Brief an die Römer folgendermaßen: „Er wird jedem vergelten, wie es seine Taten verdienen ... Wenn Heiden, die das Gesetz nicht haben, von Natur aus das tun, was im Gesetz gefordert ist, so sind sie, die das Gesetz nicht haben, sich selbst Gesetz. Sie zeigen damit, dass ihnen die Forderung des Gesetzes ins Herz geschrieben ist; ihr Gewissen legt Zeugnis darüber ab ...“ (Röm 2,6.14f)

Dieses „Jesus-nicht-aus-eigener-Schuld-nicht-Kennen“, kann übrigens auch daran liegen, weil es schlechte Beispiele für christliches Leben gibt.

Um noch einmal an meine Missionare aus dem Kapitel über Ökumene zu erinnern: Auch das kann der Grund sein, dass Menschen nicht wirklich die Chance hatten, Jesus persönlich kennenzulernen.

Weil auch die „Ungläubigen" meine Brüder und Schwestern sind (Jesus würde sie wohl seine Nächsten nennen), hat sie ein Katholik mit Respekt und mit Liebe zu behandeln.

Der barmherzige Samariter war auch so ein Ungläubiger in den Augen der religiösen Juden seiner Zeit. Jesus aber hat ihn explizit als positives Beispiel in dem gleichnamigen Gleichnis dargestellt.

6.3.2 Mission – keine Option, sondern Auftrag

Okay, ich habe jetzt also kurz dargestellt, dass die katholische Kirche den Respekt vor den Anhängern anderer Religionen lehrt.

Heißt das jetzt doch, dass eigentlich alles egal ist? Warum muss ich noch die Unterscheidung machen zwischen jemandem, der einen Baum anbetet, und einem Christen?

Die Antwort ist klar: Jesus selbst gab seinen Jüngern, und damit letztlich auch uns den ausdrücklichen Befehl: "Geht hinaus in die ganze Welt, und verkündigt das Evangelium allen Geschöpfen!" (Mk 16,15)
Daneben sollen auch noch Krankheiten geheilt und Dämonen ausgetrieben werden.

Die katholische Kirche nennt sich auch die „eine heilige, katholische und apostolische Kirche". Sie bezieht sich explizit auf die Apostel. Ein Apostel ist aber übersetzt nichts anderes als ein „Gesandter". Folglich liegt das Missionarische schon in ihrem Namen.

Jesus, der die Menschen kannte wie kein anderer, wollte also, dass wir hingehen und missionieren.
Warum aber sollte er so einen komplizierten Auftrag erteilen, wenn es doch ganz egal ist, welcher Religion man anhängt? Einfach deshalb, weil es *nicht* egal ist!
Freilich, wie oben dargestellt, kann auch ein Buddhist und vielleicht sogar ein Animist gerettet werden. Gottes Gnade kennt schließlich keine Grenzen.
Es gibt aber in der Tat nur *einen* sicheren Weg zu Gott. Und der führt über Jesus. Schleichwege in

den Himmel kann man meines Wissens getrost
ausschließen.

Weil Jesus die Menschen liebt, will er ihnen
Gutes tun und Gemeinschaft mit ihnen haben.
Schon jetzt.

Ich kenne viele Leute, die sich nach einem
ziemlich wilden Leben in jungen Jahren bekehrt
haben. Und ausnahmslos alle bereuen, Jesus
nicht schon früher kennengelernt zu haben.
Das Leben mit Jesus ist so dermaßen genial,
dass es einem Christen ein Herzensanliegen sein
sollte, anderen davon zu erzählen. Sei es der
Arbeitskollege oder ein kleinwüchsiger
Urwaldbewohner.
„Ich bin der Weg und die Wahrheit und das
Leben" (Joh 14,6), sagt Jesus über sich selbst.
„Niemand kommt zum Vater als durch mich."
Wenn es so ist, ist es sicher gut, sich mit eben
jenem Jesus bekannt zu machen, oder?

Wenn ich jemanden liebe, dann wünsche ich
dieser Person doch das Beste, was es gibt, oder?
Ewiges Leben zum Beispiel, oder unendliches
Glück. Solche Sachen.
Mit andern Worten: Ich wünsche, dass diese
Person Jesus hat. Denn der ist das Leben und
ewiges Glück.
In keiner anderen Religion gibt es eine
vergleichbare Gestalt zu Jesus. Niemand hat je

so intim über Gott gesprochen wie er, der Gottes Sohn war. In keiner anderen Religion gibt es einen Gott, der sich so entäußert, der sich selbst als Opfer hingibt, um die abgebrochene Verbindung zu den Menschen wieder aufzubauen.

Und in keiner mir bekannten Religion zeigt sich ein Gott so eindrucksvoll in Zeichen, Wundern und Heilungen. (Die jüdische Religion ist da naturgemäß eine Ausnahme! Auch im Judentum kennt man Wunder, Zeichen und die diversen Geistesgaben. Eine Unterscheidung zwischen Judentum und Christentum wäre meines Erachtens an dieser Stelle mutwillig, da Gott jeweils der gleiche ist. Was das Christentum hat, schöpft seine Kraft aus den Verheißungen, die bereits den Juden gegeben wurden und die in Jesus zur Vollendung kamen.)

Christen dürfen sich daher nicht einfach zurücklehnen und sich über ihren Gott freuen, wie man sich vielleicht über ein beruhigend volles Bankkonto freut. Im Gegenteil! Gott will Gemeinschaft. Und die Christen sind dafür verantwortlich, dass möglichst viele Menschen Gemeinschaft mit Gott suchen und finden. Was Gott schenkt, ist immer auch zum Weitergeben gedacht. Um bei dem Bild des Bankkontos zu bleiben: In geistlicher Hinsicht wächst es an, je mehr ich davon verschenke. Cool, oder?

„Wovon das Herz voll ist, davon spricht der Mund." Wer je Gott in seinem Leben erfahren hat, wird über ihn erzählen.

Freilich: Die Geschichte der Mission ist voll von Irrtümern, menschlichen Zerrbildern und falschen Motiven.
Die arabische Welt zürnt seit bald 1000 Jahren, weil im Rahmen der Kreuzzüge Tausende von bekehrungsunwilligen Muslimen abgeschlachtet wurden.
Und die Missionare, die im 19. Jahrhundert von England aus nach Indien fuhren, wurden auch gern mal von einheimischen Handelsketten finanziert, die sich billige und willige Arbeiter aus den Reihen der frisch Getauften erhofften.
Dennoch bleibt der Missionsauftrag Jesu bestehen. Es gilt den anderen die Frohe Botschaft zu bringen, ebenso, wie sich selber jeden Tag neu dazu bekehren zu lassen.
Mutter Teresa, die im echten Geist Jesu ging und den Ärmsten der Armen gleich wurde, könnte da schon mal ein gutes Vorbild sein.

7. Im Zeichen der Erderwärmung: Fegefeuer und Hölle

7.1 Ein Stückchen Himmel: Das Fegefeuer

Die deutsche Sprache ist durchaus reich an Ausdrücken für alles und jedes. Ein Umstand, den sich Goethe, Grass und Harald Schmidt zu Nutze machten und machen.
Die deutsche Sprache ist aber, bei aller vieldeutigen Tiefgründigkeit, bisweilen eher hinderlich, wenn es um schwierige Sachverhalte geht.

Ein Paradebeispiel dafür ist das so genannte „Fegefeuer".

Wer im Zusammenhang mit dem Christentum das Feuer erwähnt, der erntet meist eher abschätzige Kommentare. Da werden die mittelalterlichen Scheiterhaufen genauso wieder aufgewärmt wie die scheinbar so absurde Lehre von der Hölle (dazu später mehr).
Außer man hat Glück und befragt einen pfingstlerischen Christen: Der denkt bei dem Begriff Feuer vielleicht an die Feuerzungen des Pfingstereignisses in Jerusalem. Aber sonst?
Man kommt nicht umhin: Feuer ist in diesem Zusammenhang eher negativ behaftet.

Als Kind hatte ich immer ein leises Grausen, wenn meine Oma etwas von den „armen Seelen im Fegefeuer" sagte, für die man beten müsse. Ich dachte dann konsequent an einen großen Topf, wo arme, kleine Menschlein von miesen fiesen Teufelchen gepiekt wurden und wo außen herum ein helles Feuer brutzelte. Nicht eben ein Ort, wo man gerne mit seinen Kumpels wär. Ich denke mal, dass es vielen Menschen so geht.

Was aber ist dieses „Fegefeuer" denn wirklich? Zunächst einmal zum Namen an sich, der, wie bereits erwähnt, im normalen Sprachgebrauch eher irreführend ist. Oder zumindest negativ klingt.
Der eigentliche Fachausdruck, wenn man das so nennen will, lautet „Purgatorium", also der „Ort der Läuterung".

Und: Es hat nicht das Geringste mit der Hölle zu tun. Deshalb auch meine Überschrift. Das Purgatorium ist quasi eine letzte kurze Einkehr vor dem Himmel.
Jede Seele, die ins Fegefeuer kommt, kommt garantiert auch in den Himmel (vgl. Katechismus 1030 ff).

Wozu also dieses Brimborium – äh, Purgatorium, das der katholischen Kirche so viel Spott und Häme einbringt?

Stellen Sie sich einmal kurz diese Situation vor:
Sie erhalten von Ihrem superreichen Onkel aus
Timbuktu eine Einladung zu einem riesengroßen
Fest. Die Party des Jahrhunderts. Und das ganze
nur, weil er Ihnen ganz persönlich einen
Seitenflügel in seinem Palast und eine Milliarde
Euro schenken will.
Jetzt haben sie zwei Möglichkeiten: daheim
bleiben oder losgehen.
Um des Beispiels Willen nehmen wir mal an, Sie
finden diese Idee Ihres Onkels im großen und
ganzen ziemlich cool.
Und weil Sie sowieso arbeitslos sind und im
Fernsehen auch nur Schrott läuft, traben Sie
also los. Ein paar Kilometer trampen Sie. Dann
steigen Sie um auf die Deutsche Bahn, werden
aber beim Schwarzfahren erwischt und fliegen
hochkant aus dem Zug. Die Hose ist hin, die Knie
sind wund.

Bei der Alpenüberquerung treffen Sie den
Almöhi, der Ihnen verdorbenen Ziegenkäse
andreht. Jetzt haben Sie also auch noch einen
ziemlich verdorbenen Magen und rennen hinter
jeden Busch, der im Weg steht.
Und Timbuktu ist noch immer ungefähr 7.000
Kilometer entfernt.
Aber nein, nicht mit Ihnen! Weiter geht's. Über
Stock und Stein, Berg und Tal, Autobahn und
Trampelpfad. Hin und wieder hat Sie ja anfangs
noch jemand aufgenommen, aber nachdem der

Körpergeruch von Tag zu Tag zunahm (ich sag nur
Schweißfüße und Turnschuhe!), wurden auch
diese Angebote seltener.
Nach drei Monaten hängen nur noch Fetzen an
Ihrem Körper. Die ehemals tollen Klamotten von
C&A sind schon längst dahin.
Aber weiter geht's. Dreck verkrustet sich und
wird hart, direkt am Ortseingang Ouagadougou
kommen Sie auch noch in die Regenzeit. Macht
aber nichts, denn die Haare, die auf eine Länge
von mehr als einem Meter angewachsen sind,
bedürfen ohnehin der Wäsche.
Die Aussicht auf Fest, Wohnung und unendlich
viel Kohle halten Sie aber aufrecht.

Schließlich, nach langer, langer Zeit kommen Sie
in Timbuktu an. Der Palast Ihres Onkels ist nicht
zu übersehen, denn es ist das allergrößte, aller-
schönste und allersauberste Haus, das Sie
jemals gesehen haben.
Neben der Türklingel ist ein kleiner Spiegel
angebracht: Sie erschrecken. Das soll ich sein?
Dieses dreckige, verlauste, zerschundene Etwas?
Der Finger, schon an die Klingel gelegt, zittert.
Lieber doch nicht läuten und sich eine Blamage
ersparen?
In einem Augenblick sehen Sie den ganzen
Schmutz, der sich über Jahre angesammelt hat,
der so sehr Ihre zweite Haut wurde, dass Sie ihn
gar nicht mehr wahrgenommen haben. Sie
wissen: *So* soll Sie Ihr Onkel nicht sehen. *So*

kann er Sie gar nicht sehen wollen.

So bekommen Sie sicher keinen Anteil an seinem Reichtum.

Aus dem Inneren des Palasts ertönt schöne Musik und ein Geruch nach leckerem Essen liegt in der Luft. Und plötzlich öffnet sich die Tür.

Sie wollen sich verstecken, nur irgendwohin, möglichst gegen die Windrichtung ... aus nahe liegenden Gründen.

Da hören Sie seine Stimme: „Wie schön, dass du endlich da bist; ich habe schon so lange auf dich gewartet. Jetzt können wir endlich anfangen, richtig zu feiern! Komm nur herein, es ist alles vorbereitet."

Und beim Betreten des Palastes sind Sie erstaunt: wo andere Häuser einen Fußabstreifer haben, hat dieser Palast eine regelrechte Badeoase: ein Dampfbad, ein Whirlpool, Duschen mit Massagefunktion – und an den Wänden viele saubere schöne Kleider. Besser als die, die Sie zu Anfang hatten.

Das heißt: nur auf einer Seite. Auf der anderen Seite hängen die ganzen dreckigen Lumpen, der Leute, die vor Ihnen angekommen sind. Manche schäbiger als Ihre, manche weniger stinkend. „Mach du nur", hören Sie Ihren Onkel sagen, „ich warte im Festssaal auf dich."

Aus dem, was ich hier kurz skizziert habe, könnte man natürlich auch ein Drehbuch für einen Bollywoodfilm machen. Man könnte aber auch gewisse Parallelen zum Gleichnis vom verlorenen Sohn herausarbeiten.

Oder man könnte es als das nehmen, was es sein soll: ein Bild des Fegefeuers.

Jeder Mensch macht sich irgendwann auf die Socken zu seinem Ziel. Diesen Zeitpunkt nennt man gemeinhin „Geburt". Das Ziel für einen gläubigen Christen heißt „Gott".

Zumindest am Start sind die meisten von uns noch sauber geseift und im Allgemeinen auch meist liebenswert. Aber irgendwo auf dem Weg holt man sich ein paar Dellen und Schrammen. Man testet seine Grenzen aus, nimmt es mit der Wahrheit nicht mehr ganz so ernst, ist ein bisschen opportunistisch, betrügt das Finanzamt nur ganz wenig, seinen Ehepartner ein wenig mehr ... nichts Großes halt. Was man eben so tut als normaler Mensch.

Und da liegt der Hase auch schon im Pfeffer: Gott will keine normalen Menschen. Er will Heilige!

Ich mein, Sie lesen dieses Buch doch jetzt ganz allein, oder? Wie wär's, wenn Sie da mal kurz die Augen schlössen und für zehn Sekunden versuchen würden, sich mit dem Blick Gottes zu betrachten? Mal ganz offen und ehrlich. Ohne Kompromiss. Eine Sache zwischen Ihnen und sich.

Nein, nein, das ist nicht vermessen! Das geht!
... 9, 10 ... fertig!

Na, wie ist das? Manchmal schon komisch, was
einem für Sachen einfallen, wenn man mit sich
allein ist. Oder wie war das damals in der vierten
Klasse, als ... aber ich will ja nichts ausplaudern.
Also weiter im Text.
Worauf ich hinaus will: Jeder Mensch, und sei er
noch so gläubig, sammelt sich ein paar schöne
Leichen in seinem Keller. Leichen, über die man
stolpert, kann man bereuen (nennt der
Fachmann dann „Beichte"). Aber Leichen, die so
tief verbuddelt sind, dass man nicht mehr daran
denkt, kann man nicht einmal mehr bereuen.
Sogar König David spricht in einem Psalm davon,
dass er gar nicht mehr alle Sünden weiß, und
bittet Gott darum, sie ihm zu zeigen (Ps 19,13).
Optimal wäre es natürlich, sich all seiner Sünden
bewusst zu sein, beichten zu gehen, und direkt
beim Verlassen des Beichtstuhls von einer
umstürzenden Madonnenstatue erschlagen zu
werden. Kommt aber eher nicht so häufig vor.
Ohne Reue aber keine Vergebung. Ergo: Problem.
Ergo: Pech gehabt?

Die Sache ist die, dass Gott absolut heilig ist. Er
ist so heilig, dass eine Steigerung nicht mehr
denkbar ist. Neben seiner Heiligkeit hat nichts
Unheiliges mehr Platz. Das wäre, als würde ich
mit dem Bulldozer über einen perfekten

Golfrasen walzen. Wenn ich dereinst Gemeinschaft mit Gott haben werde, trete ich in diese Heiligkeit ein. Das geht aber der Logik wegen nur, wenn auch ich ganz heilig bin. Weil Bulldozer und so. Der Himmel wäre ja nicht mehr der Himmel, wenn ich meine Fehler und seelischen Verbiegungen alle mitschleppen würde.

Der Himmel wäre demnach ein sehr, sehr leerer Ort, wo sich die Dreifaltigkeit zwischen ein paar Engeln tummelt.
Jesus hat aber gesagt, er wolle vorausgehen zum Vater und uns einen Platz bereiten (Joh 14,2); er muss also davon ausgegangen sein, dass es doch ein paar Leutchen bis zu ihm schaffen. In der Offenbarung (7,9) ist sogar die Rede von einer unüberschaubaren Menge von Leuten, die dereinst vor ihm stehen werden.

Zum Glück ist das mit der Sünde als Grund für meine Verbiegungen nicht so. Wenn ich beichten gehe und dem Priester alles nach bestem Wissen und Gewissen erzähle, was mir so an Verfehlungen einfällt, werden auch die leichteren Sünden in der Vergebung mit abgewaschen, die ich im Eifer des Gefechts vergessen habe. Und wenn Gott vergibt, dann vergibt er auch richtig. Futsch ist futsch.

Was ich aber immer noch habe, sind die genannten seelischen Dellen, die Sünde bewirkt.

Wieder ein Beispiel:

Wenn ich in Nachbars Garten einen Apfel klaue, ist das Sünde. Ich könnte es bereuen, zu ihm hingehen und mich entschuldigen. Und, weil er ein netter Nachbar ist, vergibt er mir.

Aber kommt dadurch der Apfel wieder an den Baum, den ich längst gegessen hab? Kann ihn mein Nachbar noch irgendwie verwenden? Nö.

Dafür gibt es sogar schon Vorbilder im Alten Testament (Dtn 20,12): Mose und Aaron hatten Gott (mal wieder) nicht geglaubt. Gott vergab ihnen diese Sünde. Keine Frage. Aber er stellte auch fest, dass sie jetzt nicht mehr in das Land könnten, das er ihnen eigentlich geben wollte. Mechanismus klar? Die Sünde wird vergeben, aber eine Wirkung bleibt.

Auch ein kleiner Ausrutscher in sündhaften Dingen hat eine, wie auch immer geartete Wirkung, die von der Vergebung nicht ganz umfasst wird, nicht umfasst werden kann. Oder was sollte der Typ, der mich auf der Autobahn geschnitten hat und den ich mit unnetten Schimpfnamen bedacht habe, schon von meiner Beichte haben?

Soll man sich aber mit seelischen Beulen und Schrammen eine Ewigkeit in Gottes Herrlichkeit herumschlagen müssen? Kann das angehen? Wohl kaum.

Also hat man das logische Dilemma dadurch gelöst, dass man als Zwischenschritt auf dem Weg in den Himmel eine Art Waschstraße annimmt, die die letzten sündhaften Reste, die fast zwangsläufig an jedem von uns haften, abwäscht. Um bei dem Bild der Dellen zu bleiben, kann man auch von einer Art „himmlischem Beulendoktor" sprechen. Egal.

Nur zur Klarstellung: Es ist nicht so, dass du stirbst und dich dann entscheiden kannst, ob du in den Himmel oder die Hölle willst. Das ist nur in Hollywood so.

Diese Entscheidung wird im Leben getroffen und muss zu Lebzeiten ernsthaft und gewissenhaft umgesetzt werden. Wer das auf die lange Bank schiebt, spielt buchstäblich mit dem Feuer, um es mal so zu sagen.

Niemand, der sich seiner Lebtag nicht um Gott und seine Nächsten kümmert, bekommt das Fegefeuer geschenkt, um sich die Sache noch mal zu überdenken. Sorry, Mann, das war dann der Zonk. Leider auf die falsche Tür gesetzt. Funktioniert schon allein deshalb nicht, weil Gott auch unendlich gerecht ist. Jemand, der ständig irgendwas bereut, wäre demnach der Gelackmeierte, während derjenige, der einfach alles verdrängt, nichts zu bereuen hätte und fein raus wäre.

Nach katholischer Lehre ist das Fegefeuer für die, die darin sind, eher von einer Art angenehmer Trauer, schmerzhafter Vorfreude. Wie in meiner Geschichte: eine Art von Spiegel, wo man all das Schlechte, das noch an einem haftet, im Lichte Gottes sieht – und es bereut und somit hinter sich lassen kann.
Das ist der schmerzhafte Teil.
Der schöne Teil ist, dass man dabei bereits mit einem Auge zu Gott in den Himmel hineinschielen kann.
Und mit diesem Blick auf die Schönheit und Heiligkeit Gottes kann man alles Irdische, was noch an einem klebt, erst so richtig gut loslassen … wer je eine wahrhaft gute Beichte hatte, weiß um die reinigende und befreiende Kraft, die man erfährt, wenn die Sünde von einem abfällt wie trockener Lehm.

Als biblische Grundlagen werden in der Regel 1 Kor 3,15 und 1 Petr 1,17 angeführt, die von der Läuterung „wie durch Feuer hindurch" sprechen.

7.2 Brutzel, brutzel. Die Hölle.

Es war von je her Lehre der katholischen Kirche, dass es, so sicher wie es einen Himmel gibt, auch eine Hölle geben müsse.
Auch das ist wieder so ein Punkt, den

„aufgeklärte" Zeitgenossen recht spaßig und
unglaublich rückständig finden. Wenn man
heute als Christ über die Tatsache der Hölle
spricht, dann setzt man sich unweigerlich dem
Vorwurf aus, man wolle Ängste schüren und mit
dem Instrument der Verdammung andere Leute
einschüchtern und vielleicht sogar auf Linie
bringen.
Es ist natürlich keine Frage, dass in früheren
Zeiten gerne Werbung für Gott mit dem Mittel der
Abschreckung gemacht wurde. Wer sucht, findet
sicher auch heute noch eine Reihe Christen, die
lieber über die Angst vor der Hölle als über die
Freude des Himmels sprechen.
Finde ich persönlich zwar eher kontraproduktiv,
da ich mich ja aus freien Stücken und in Liebe zu
Gott wenden soll, nicht aus Furcht vor ewiger
Verdammnis – aber falsch sind diese Lehren
kaum.

Wo ist die Hölle?
Sie geistert immer noch durch einige christliche
Revolverblätter, die Meldung, in einem
russischen Bergwerk habe man die Hölle
entdeckt.
Und zwar habe man in einem Kohlebergwerk
bereits in mehrere Kilometer Tiefe gegraben, als
plötzlich ein Loch im Boden entstand, aus dem
große Hitze und Gestank in den Stollen drangen.
Man ließ ein Mikrofon an einem sehr langen
Kabel in das Loch hinab und konnte oben dann

sehr deutlich das Wimmern und Wehklagen von Menschen vernehmen. Das Mikrofon war, als man es wieder heraufzog, völlig verschmort.

Als ich diese Story zum ersten Mal hörte, war ich wohl so an die 13 Jahre alt. Russland hieß noch „Sowjetunion" und war nicht nur das „Reich des Bösen", sondern auch durch den eisernen Vorhang von der restlichen Welt abgeschottet. Ich konnte mir, als phantasiebegabter Mensch, schon irgendwie vorstellen, dass in einem tiefen, tiefen Bergwerk im bösen, bösen Russland die Hölle lag.
Aber mit der Zeit gab es dann doch ein paar logische Brüche: Wo waren denn die angeblichen Tonbandaufnahmen? Wenn es schon so heiß war, wieso hat das Mikrofon überhaupt funktioniert? Warum funktionierte es in verschmortem Zustand noch? Wo waren die angeblichen Ohrenzeugen? Wo sollte überhaupt dieses Bergwerk liegen?
Fragen über Fragen.

Irgendwann kam ich dahinter, dass es sich ganz offensichtlich um eine miese Geschichte eines miesen Theologen handeln musste.
Denn: Die Hölle hat, ebenso wie der Himmel, keinen Ort im eigentlichen Sinn. Ich kann zwar ganz genau sagen, wie man die Hölle findet, kann aber keine Wegbeschreibung geben.
Denn die Hölle ist kein Ort, sondern ein Zustand.

Jeder von uns hat ein ganzes Leben lang Zeit, sich aus freiem Willen für oder gegen Gott zu entscheiden. Niemand kann einem diese Entscheidung abnehmen.

Ich wurde zwar als Baby getauft, und das ist schon mal keine schlechte Entscheidung, die meine Eltern da getroffen haben. Aber was ich aus diesem Königsgeschenk mache, ist mir überlassen.

Wer auch nur ein klein wenig Verstand hat, steht vor der selbstständigen Entscheidung, ob er Gott nachfolgen will oder nicht.
Gott kann dich nicht zwingen, bei ihm zu sein. Jetzt nicht, und nach deinem Tod schon dreimal nicht.

Wenn du dich also jetzt dafür entscheidest, dein Leben lieber in die (angeblich!) eigene Hand zu nehmen, nach deiner eigenen Facon selig zu werden, lieber dem Bauch als der Seele zu folgen – nun, dann darfst du dich auch nicht wundern, wenn du auch nach dem Tod nicht in der Gegenwart Gottes landest.

Das genau meint Hölle, wie sie die katholische Kirche versteht: den ewigen Zustand der Gottferne.
Nicht Gott wirft dich hinaus, sondern *du* selber entscheidest dich gegen ihn.

Nachdem alles Gute, Schöne, alle Liebe und Wärme allein von Gott kommen, muss die Hölle also ein recht grausliger Aufenthalt sein, könnte ich mir denken.

Warum die Hölle gern durch flammende Infernos dargestellt wird, liegt daran, dass Jesus bzw. die Bibel selbst gern in dieser drastischen Bildsprache über die Hölle sprechen.
Dort heißt es dann das „nie erlöschende Feuer" (Mk 9,43, Mt 5,22 u.a.), beziehungsweise, die Verdammten würden in einen regelrechten Ofen geworfen (Mt 13,41; 25,41), wie die Spreu, die man vom Weizen trennt.

Alles in allem also Aussichten, die der Klimaerwärmung weit voraus sind.
Welcher Art denn genau die Qualen der Hölle sind, ist eigentlich egal. Da legt sich die Kirche nicht fest. Ob nun tatsächlich echtes Feuer oder absolute Einsamkeit, Kälte, ein immerwährender Musikantenstadel, körperlicher Schmerz oder Seelenqual, eine unendliche Steuererklärung oder lauwarmer Kaffee – alles wäre gleich schlecht.
Denn: Die Hölle dauert ewig.

Das ist gemein! Pfui!
Wie weiter oben bereits erwähnt, wird man gern verhöhnt und gescholten, wenn man sich zur Realität einer Hölle äußert.

Das sei jetzt aber wirklich nicht mehr zeitgemäß, man könne den armen Menschen doch keine solche Angst einjagen, im übrigen sei das alles gemein, denn man könne doch keine so absoluten und herabsetzenden Aussagen treffen etc. pp.

Dazu sollte man sich vielleicht ins Gedächtnis rufen, dass die katholische Kirche zwar sehr wohl Menschen heiligspricht, sie aber noch nie ein endgültiges Urteil darüber getroffen hat, wer tatsächlich verdammt, sprich: in der Hölle ist. Noch nicht einmal der Kaiser Nero, Hitler oder Stalin wurden offiziell als Bewohner der Hölle anerkannt.
Man kann jetzt zwar nicht behaupten, dass sie, nach allem, was man über sie weiß, sehr große Chancen auf den Himmel hätten, aber man darf niemals die Gnade Gottes unterschätzen.
Die übersteigt unser kleines menschliches Gehirn so dermaßen, dass selbst der letzte Massenmörder eine theoretische Möglichkeit hat, mit seinem letzten Atemzug den Himmel zu gewinnen.

Aber zurück zum eigentlichen Thema. Viele Menschen meinen, die Kirche würde, indem sie davon ausgeht, dass es wirklich und wahrhaftig eine Hölle gibt, Druck ausüben.
Auch wenn eine Wahrheit schmerzlich ist und unzeitgemäß scheint, bleibt es doch Wahrheit.

Das bietet natürlich ein weites Feld für Polemik. Aber ich halte mich zurück und bringe nur zwei Beispiele, um zu verdeutlichen, warum die katholische Kirche immer an der Lehre von der Hölle festgehalten hat und weiter festhalten wird.

Bestrebungen, diese Lehre quasi massentauglich weich zu spülen und in eine Friede-Freude-Eierkuchen-Juchu-wir-kommen-alle-alle-in-den-Himmel-Lehre umzuwandeln, gab es tatsächlich viele ...

Aber, wie gesagt, nur zwei polemische Gegenbeispiele:

a) Viele tausend Wissenschaftler sehen seit langem den Beweis für eine globale Erderwärmung erbracht. Das Klima wird überwiegend heißer, teilweise auch wesentlich kälter. Stürme werden stärker, Schneechaos im Winter. Wüsten wachsen, Regenwälder schrumpfen, Polarkappen schmelzen und kleine Inselstaaten versinken im Meer. Man kennt das ja. Aus wissenschaftlicher Sicht ist das eine Realität. Mit Daten untermauert und von niemandem ernsthaft anzuzweifeln. Es gibt aber noch immer Politiker, die sagen: „Das kann man so und so sehen. Nichts Genaues weiß man nicht, und im Übrigen schaden solche Aussagen der Wirtschaft." Man solle also erst mal sehen, was kommt ...

Zusammenhang erkannt?

b) Kommt ein Mann zum Arzt und sagt röchelnd:
„Doktor helfen sie mir, ich bekomme keine Luft
mehr." Arzt: „Rauchen sie?" Patient: „Nicht mehr
als vier oder fünf Schachteln am Tag!" Arzt:
„Wenn sie nicht sofort damit aufhören, werden
Sie Krebs bekommen und vermutlich bald
sterben." Patient: „Wie können sie so etwas nur
sagen? Nehmen sie gefälligst Rücksicht auf
meine individuellen Bedürfnisse als Person.
Oder wollen Sie mich ängstigen und zu einer
hilflosen Geste der Unterwürfigkeit treiben? Wer
glauben sie eigentlich, wer sie sind?" Steht auf
und geht eine rauchen.

Diese beiden banalen Beispiele zeigen: Man
kann das Kind zwar anders nennen, aber es
ändert deshalb sein Wesen nicht.
Auch wenn die Kirche plötzlich von einem
„überzeitlichen Anti-Wellnesaufenthalt mit
individueller Ausrichtung" sprechen würde.
Es bliebe eine Hölle.

7.3 Fluchtweg Beichte

Es gibt wohl wenige Berufsstände, die in den
letzten Jahren eine solch rosige Zuwachsrate an
Arbeit und Verdienst verzeichnen konnten, wie
die Psychiater.
(Gut, Computerfreaks hatten noch größere

Zuwachsraten, aber immer nur bis zum nächsten Börsencrash.)

Nur wenige Bücher verkaufen sich massenhafter als diejenigen, die Lebenshilfe, psychologische Beratung oder Seelenmassage anbieten.

Es gibt also scheinbar ein immenses Bedürfnis der Menschen nach innerem Ausgleich, einen Hang nach Pflege des Gemüts.

Die Seele ist allerdings weder die Erfindung Sigmund Freuds, noch ein Produkt diverser Körpersäfte und elektrischer Impulse.

Schon mehrere tausend Jahre vor Freud wussten die Menschen, dass es der Seele, der „Psyche", wenn man so will, nicht gut tut, bestimmte Dinge zu tun – oder nicht zu tun.

Nimmt man die Bibel zur Hand und schlägt mal ganz zu Anfang auf, findet man die berühmte Geschichte vom so genannten „Sündenfall".

Was war geschehen?

Adam und Eva führten ganz zu Anfang das Leben, dass sich heutige Rastafaris wünschen: Essen, Schlafen und Lieben. Gott hatte ihnen einen perfekten Garten Eden eingerichtet, mit netten Tieren und jeder Menge biologisch-dynamischer Obstplantagen.

Nur der Baum in der Mitte des Gartens war tabu. Es kam, wie es kommen musste: Eva hatte wegen der werbestrategisch gut gezielten Fragen der anwesenden Schlange plötzlich Lust auf eine

Frucht justament dieses Baumes, nahm sich eine und steckte auch ihrem Adam etwas davon zu.

Die erste Sünde war passiert.
Wobei: Dieses „war passiert" stimmt schon nicht so ganz. Sünde wird erst dadurch zur Sünde, dass sie aus freiem Willen geschieht. Eva hatte die Wahl: pflücken oder nicht pflücken. Erst die Wahlmöglichkeit ermöglichte den Sündenfall. Genauso Adam. Er wusste natürlich genau, was ihm seine Frau da andrehen wollte. Er hätte sich weigern können, diese Frucht zu essen. Tat er aber nicht.
Beide standen in der Bredoullie, etwas zu wollen, wovon sie wussten, dass sie es nicht sollten.

Und die Folge davon? Sie schämten sich! Bezeichnenderweise kam erst mal nicht gleich der Rauswurf aus dem Paradies, sondern sie schämten sich, weil sie nackt waren. Ein völlig neues Gefühl!
Nicht Gott hatte ihnen gesagt, sie seien nackt, sondern sie selbst merkten das plötzlich.
Wer sich schon einmal so richtig für etwas geschämt hat, weiß, dass das kein angenehmes Gefühl ist. Somit zerbrachen Adam und Eva ganz alleine den paradiesischen Zustand, in dem sie bisher gelebt hatten, indem sie negative Gefühle einziehen ließen. Vorher gab es so etwas wie negative Gefühle, schlechtes Gewissen, Gram, Grübeleien etc. gar nicht.

Und hat man mit der Sünde erst mal angefangen, zieht sie immer weitere Kreise. Ist vermutlich ein Naturgesetz.

Adam und Eva beschuldigten sich gegenseitig, und schließlich auch noch die Schlange, das arme unschuldige Vieh. (Ich erlaube mir an dieser Stelle auf die feinsinnige Ironie meinerseits hinzuweisen. Schriftstellerisch sehr gelungen.) Gott musste schließlich ein Tier (eines seiner Geschöpfe!) schlachten, um den beiden Kleidung zu geben.

Sie zogen mit Sack und Pack aus dem Paradies aus. Eva gebar in Schmerzen, Adam pflügte im Schweiße seines Angesichts. Und das Bierbrauen war auch noch nicht erfunden. Es gab einen Brudermord, und, und, und.

Diese Geschichte verwickelte sich immer mehr, denn die Sünde ist eine Art „Akkumulationsgift". Sie reichert sich im Körper an wie giftiges Schwermetall und entfaltet dort ihre unheilige Wirkung.

Manche Auswirkungen dieses Gifts versuchen viele Psychiater und manche der genannten schlauen Bücher zu bekämpfen. Da wird von einigen die Sünde als entweder genetisch bedingte Verhaltensvariation angesehen, die gerade noch oder schon nicht mehr sozial akzeptabel ist; da werden Einstellungen und Handlungen als positiv dargestellt, die in den Augen der Kirche Sünde sind; da wird versucht,

Schuld auf die anderen, die Gesellschaft, oder die Umstände abzuwälzen, um die komplexbeladenen Schultern des Patienten zu entlasten. Zu einem gar nicht so kleinen Teil wird auch schlicht der freie Wille geleugnet! Und das ist auch durchaus praktisch: denn wenn ich gar nichts dafür kann, dass ich meine Frau betrogen habe, brauche ich auch kein schlechtes Gewissen zu haben. Wenn meine Hormone verrückt spielen, kann es schon mal sein, dass ich jemanden zusammenschlage, dessen Gesicht ich dämlich finde.

In manchen Büchern wird auch der pure Egoismus vertreten. Rücksicht auf andere wird als Schwäche bezeichnet. „Finde deine eigene Wahrheit". Als ob es mehr als eine Wahrheit gäbe ... Und so weiter, und so weiter. (Natürlich gibt es auch sehr gute Gegenbeispiele! Wenn ich etwas platt verallgemeinere, dann nur, um das Wesentliche zu verdeutlichen. Sollten Sie also zufällig Psychiater sein, hängen Sie nicht gleich den Job an den Nagel.)
Zumindest in meinen Augen wird da zu häufig nur an Symptomen herumgedoktert, deren Ursachen aber tiefer liegen, als es die klassische Psychologie wahrhaben will.

Stellen Sie sich vor, sie werden von einer Schlange gebissen, die ihnen eine sehr große

Dosis Gift in den Blutkreislauf spritzt. Was würden Sie tun? Zu dem Arzt gehen, der ihnen ein Gegengift gibt, oder zu einem anderen Arzt, der sich eine Stunde mit ihnen über die Unberechenbarkeit der Natur und der Schlangen insbesondere unterhält?

Die Entscheidung ist soweit, denke ich, noch klar.

Was aber, wenn der Arzt, der das Gegengift hat, Ihnen erstens eine Spritze geben will (sie haben verständlicherweise panische Angst vor Spritzen!) und zweitens von Ihnen verlangt, Ihr Verhalten zu ändern, damit Sie nicht mehr wahllos mit der Hand in Erdlöcher greifen? Der andere Arzt bietet dagegen zu seinem Gespräch über die Schlechtigkeit der Natur noch eine Ledercouch und einen Kaffee.

Zu wem würden Sie jetzt gehen? Ich denke, die Entscheidung wäre noch immer klar, aber schon durchaus schwieriger. Man hat die Wahl zwischen einer Spritze und Heilung, oder Kaffee und Tod. Andererseits: Was hilft der beste Kaffee, wenn ich direkt danach den (Kaffee-) Löffel reiche?

Wie gesagt, die katholische Kirche sieht Sünde als eine Art von Gift an. Aus Sicht der Kirche gibt es keine Möglichkeit, Gift wegzudiskutieren.

Man muss sich der Tatsache der Vergiftung stellen und geeignete Gegenmaßnahmen treffen.

Zurück zu Adam und Eva.
Die beiden haben eine regelrechte Kettenreaktion aus Sünde in Gang gesetzt. Hätte Gott nicht beschlossen, helfend einzugreifen, hätten sich die Nachkommen der beiden unweigerlich selbst ausgelöscht. Einige Versuche in der Richtung gab es ja (Atombombe, Holocaust etc.), die waren aber zum Glück nicht ganz erfolgreich.

Gott merkte also, dass die Menschen nicht von selber aus diesem Teufelskreis (passender Ausdruck, oder?) heraus kamen. Also ließ er sich was einfallen und erfand die Sache mit dem Opfern. Als Ausgleich für ihre eigenen Fehler opferten die Menschen so ziemlich alles, was ihnen an gebotenen Opfertieren vors Schlachtermesser kam.

Im Prinzip war das aber nur eine Art Vorspiel – oder eine Art von Ouvertüre zu dem eigentlichen Opfer, das allein alle Sünden wegnehmen kann: nämlich Jesus, dem Sohn Gottes. Das als aller-kürzest mögliche Darstellung, wie es überhaupt zur Notwendigkeit einer Sündenvergebung kam.

Jetzt aber zu den grundlegenden Möglichkeiten, wie man mit Sünde umgehen kann:

Sehr viele Menschen glauben nicht mehr an Sünde und verdrängen dieses nagende Gefühl in ihrem Herzen. So oft und so lange, bis sie entweder völlig abgestumpft sind – oder eben zu einem Psychologen, Psychiater oder anderem Helfer gehen.

Andere, die nicht seelisch taub sind, versuchen, aus ihren „Fehlern zu lernen" und zukünftig alles besser zu machen. Nicht schlecht, aber das Gift ist ja schon mal drin im Körper, wo es vor sich hinbrodelt und gärt.

Sehr viele Christen wählen den Weg, Gott um Verzeihung zu bitten. Sie legen Jesus die Schuld zu Füßen und bitten um Vergebung.
Macht ja auch Sinn, denn Jesus selbst hat ja gesagt: „Kommt alle zu mir, die ihr euch plagt und schwere Lasten zu tragen habt." (Mt 11,28). Und er meint das auch so und macht keinen Unterschied zwischen der Art der „Last". Ob Sündenlast oder Krankheit ist für ihn einerlei. Das ist also schon mal eine ziemlich gute Variante und viele Christen aus anderen Konfessionen berichten auch tatsächlich von einer Art Befreiungserlebnis.

Die katholische Kirche geht noch einen Schritt weiter. Sie praktiziert und lehrt die so genannte „Ohrenbeichte". Also das Sündenbekenntnis eines Gläubigen vor einem Priester oder Bischof.

Das ist lästig (vergleiche oben die Spritze mit Gegengift) und wirkt antiquiert. Mindestens ebenso sehr wie die noch häufig verwendeten Beichtstühle.
Wie kommt die katholische Kirche auf so eine Idee?

Jesus hatte eindeutig die Vollmacht, Sünden zu vergeben. Wer das nicht glaubt, lese die Geschichte mit dem Gelähmten (Mt 9,1 ff). Diese seine Vollmacht nahm er aber nicht mit nach Hause, als er wieder zu seinem Vater ging, sondern gab sie explizit nach seiner Auferstehung an die Apostel weiter: „Wem ihr die Sünden vergebt, dem sind sie vergeben. Wem ihr die Vergebung verweigert, dem ist sie verweigert" (Joh 20,23).
Jesus hat also in voller Absicht die Apostel damit beauftragt und dazu bevollmächtigt, Sünden zu vergeben.
Wow!
Die Apostel hatten es also in der Hand, jemandem durch ein einfaches Wort alle Last der Sünde von den Schultern zu nehmen – oder eben nicht. Und was passiert, wenn jemand ziemlich sündhaft stirbt, habe ich im Kapitel über die Hölle schon dargestellt. Muss eine Irrsinnsmacht sein.

Die Apostel waren allerdings mit ihrer Mission derart erfolgreich, dass es bald sehr viele

Christen und christliche Gemeinden gab.
Die konnten sie gar nicht alle regelmäßig
abklappern, um die Leute von ihren Sünden
loszusprechen.
Also gaben sie ihrerseits diese Macht weiter.
Und weiter, und weiter. Bis auf den heutigen Tag.
Der Bischof als Nachfolger der Apostel und
Vorsteher der Ortsgemeinde gibt diese Vollmacht
an die Priester weiter, die ihn im Dienst der
Sündenvergebung unterstützen.

Wenn dir also ein Priester in der Beichte die
Sünden vergibt, ist das genau so gut, als würde
Jesus persönlich auf der anderen Seite des
Beichtstuhls sitzen.

Apropos Beichtstuhl: Es ist zwar ein alter Hut,
hat sich aber noch immer nicht wirklich
herumgesprochen. Beichten kann man nicht nur
im Beichtstuhl. Wer schon einmal auf einer
katholischen Jugendveranstaltung war, hat mit
Sicherheit irgendwo im Gras einen Priester
sitzen sehen, der gerade mit einer anderen
Person in nettem Plausch vertieft war. Da wird
die Beichte abgenommen! Geht auch bei einer
Tasse Kaffee.
Der äußere Rahmen ist egal. Das Ergebnis zählt.

Vier Schritte zum Glück:
Wenn ich mit nicht gläubigen Leuten rede, oder
auch mit Christen anderer Konfessionen

diskutiere, dann sagt man mir gern einmal augenzwinkernd: „Ihr Katholiken hab es gut. Ihr könnt sündigen so viel ihr wollt; weil dann geht ihr kurz beichten, und alles ist wieder gut und ihr fangt von vorne an."

Das ist eine ziemlich irrige Annahme! Schnell geht gar nichts und nach der Beichte so weiter sündigen wie vorher, sollte man auch nicht. Die Beichte ist eine ziemlich ernste Angelegenheit, wenn sie wirklich etwas im Menschen bewirken soll. Darum geht eine Beichte auch nicht schnell. Und sie beginnt schon einige Zeit vor der eigentlichen Beichte.

1. Schritt: Sie beginnt mit der Gewissenserforschung.
Wieder zu meinem Bild vom Schlangenbiss. Es bringt doch rein gar nichts, wenn ich zum Arzt gehe und ihm einen eingewachsenen Zehennagel zeige – den Schlangenbiss aber nicht erwähne.
Also sollte man sich vorher Gedanken machen, welche Wehwechen man gern loswerden will. Ebenso bei der Beichte. Man erforscht sein Gewissen und überprüft sich selbst, wo man überall in geistliche Fettnäpfe getreten ist. Dabei ist ein so genannter „Beichtspiegel" ganz praktisch, der einige Fragen enthält, die man sich selber beantworten, und so seine Erinnerung auffrischen kann.

2. Schritt: Man muss die Sünden, die man erkannt hat, auch bereuen! Und Reue heißt nicht nur, dass es einem Leid tut, sondern auch, dass man ganz fest versuchen will, künftig diese Sünde zu vermeiden.

Es ist sinnlos, einen Ehebruch zu beichten, wenn ich in Wahrheit nur darauf spekuliere, wann die nächste Gelegenheit dazu kommt. Aus diesem Grund kann man auch nicht auf „Vorrat" beichten. Wer so vorgeht, kann nicht ernsthaft auf Vergebung hoffen.

Und noch etwas: Echte Reue ist weit mehr, als nur ein wenig schlechtes Gewissen zu haben. Würden wir wirklich erkennen, welchen Schlag ins Gesicht wir Gott auch nur durch kleine Sünden verpassen, würden wir wirklich in Sack und Asche Buße tun ...

3. Schritt: Das Bekenntnis. Das ist der eigentliche Teil der Beichte, wie man ihn aus Film, Funk und Fernsehen kennt. Ein Beichter, ein Priester. Und niemand hört zu.

Hier bekennt man dem Priester an Jesu statt die Sünden. Wenn es ein guter Beichtvater ist, dann fragt er auch nach, stellt fest, ermutigt, tröstet, mahnt.

Ich hatte mal eine ziemlich gute Beichte bei einem alten Mönch in Altötting. Es war eine Sünde, die mir ziemlich viel Kummer bereitet hat. Er meinte nur: „Ja und? War's das?" Und dann hat er mit ein paar einfachen Worten mein etwas verschrobenes Weltbild wieder geradegezimmert.

Zum Schluss bittet man um die Lossprechung, die man in der Regel auch erhält, sofern man nicht behauptet, man wolle sofort wieder die gleichen Sünden begehen. Damit wäre ja der zweite Schritt wieder ausgehebelt.

4. Schritt: Die gleiche Verpflichtung gibt es auch aus dem Privatrecht. Wer einem andern ein Unrecht antut, muss versuchen, dieses wieder auszugleichen. Wobei es hier nicht um den Ausgleich der Sünde geht. Das macht schon Jesus selber, wie gesagt. Hier geht es um die Folgen der Sünde (siehe auch im Kapitel über das Fegefeuer).

In der katholischen Kirche heißt das „Buße". Sie besteht meist aus einigen Gebeten, kann aber im Prinzip alles Mögliche sein, was der Priester für angemessen hält, zum Beispiel auch, sich bei jemandem, dem man Unrecht angetan hat, zu entschuldigen.

Im Prinzip heißt das nichts anderes, als ein tätiges Zeichen dafür zu setzen, dass es mir mit der Umkehr ernst ist.

Wieder ein Bespiel zu Verdeutlichung: Wenn ich meine Frau betrüge, dann kann es schon sein, dass sie mir meine Schuld ihr gegenüber vergibt. Aber es gehört auch dazu, dass ich mich wirklich bei ihr entschuldige und als Beweis, dass es mir ernst damit ist, das nie wieder zu tun, mein kleines schwarzes Notizbuch mit den Telefonnummern aller möglichen blonden und brünetten Herausforderungen verbrenne.

Wer jemals die echte und tatsächliche Befreiung von seiner Schuld erfahren hat und einen kompletten Neuanfang machen durfte, der kann getrost auf die allermeisten Ratgeberbücher pfeifen.
Das ist vielleicht auch der Grund dafür, dass praktizierende Katholiken eine deutlich höhere Lebenserwartung haben als ihre Mitbürger. Sie schleppen nicht immer alle ihre Altlasten mit sich herum.

8. Sakrament!

Ich gebe zu, die Reihenfolge, in der ich dieses Büchlein schreibe, ist etwas unorthodox. Kommt aber wohl daher, dass ich lediglich in meiner Mittagspause Zeit finde, in die Tasten zu hacken. Also, nicht wundern, wenn es an dieser Stelle um die Grundlage dessen geht, was ich z. B. über die Beichte geschrieben habe: Es geht um Sakramente.

Okay, jeder Bayer, der ordentlich fluchen kann, kennt den Ausdruck „Sakrament".

Was aber heißt das jetzt tatsächlich?
Wie viele der netten katholischen
Besonderheiten, kommt auch der Ausdruck
„Sakrament" aus dem Lateinischen und meint
etwas Heiliges (sacra). Genauer gesagt, eine
heilige Handlung beziehungsweise ein heiliges
Zeichen.

Ich will es nicht verwickelter machen, als es ist:
Also, was ist heilig? Wie weiter oben schon mal
geschrieben, ist alles das heilig, was von Gott
kommt.
Ergo hat sich die Kirche überlegt, was denn alles
direkt auf Jesus beziehungsweise seinen Vater
zurückzuführen wäre. Über diese Aufzählung
wurde im Lauf der Jahrhunderte natürlich oft und
gern gestritten, aber ich denke, sie ist in jedem
Fall nachvollziehbar.

Die Sakramente sind:
- Taufe (direkter Auftrag Jesu: „Geht zu allen
  Völkern und ... tauft ..."" (Mt 28,19)
- Firmung (weil Jesus den Aposteln den
  Heiligen Geist sandte)
- Eucharistie (weiter vorne schon genau
  beschrieben)
- Beichte (im Kapitel direkt vor diesem)
- Krankensalbung (z. B. Mk 6,13)
- Weihe (weil Jesus den Aposteln die Hände
  auflegte und ihnen Vollmacht gab,
  Joh 20,22)

- Ehe (ist eigentlich eh klar: Gott persönlich gab Adam die Frau und der nahm sie an. Nebenbei: Dies ist das einzige Sakrament, das nicht durch die Kirche gespendet wird, sondern das sich die Eheleute gegenseitig spenden. Aber ein anderes Thema).

Das sind also die heiligen Zeichen in der Lehre der katholischen Kirche.
Jetzt ist es aber so, dass viele Leute darin nur noch die reine Handlung sehen. Da kommt halt ein Priester oder Bischof und „macht" irgendwas, was man nicht so richtig versteht.
So in der Art der Schamanen, die irgendwie herumhüpfen und seltsame Dinge murmeln und dann auf Regen warten.

Da ist ein gewaltiger Unterschied! Der Priester, der diese Sakramente aus der Kraft des Heiligen Geistes spendet, ist kein Zauberer. Es kommt nicht darauf an, dass der Priester besondere Worte gebraucht, wie Zauberformeln (bis auf wenige Ausnahmen, die sicherstellen sollen, dass tatsächlich alles Wesentliche enthalten ist), oder dass er besonders weise wäre.
Eigentlich kommt es auf die Person des Priesters gar nicht an, denn der Geber aller guten Gaben bleibt immer Gott selbst.

Eigentlich kommt es bei einem Sakrament auch nicht auf den Empfangenden an. Klingt strange, ist aber so. Die einzige Ausnahme dabei ist die Beichte. Da gehört, wie gezeigt, auch die richtige Herzenshaltung dazu. Man muss sich also ein Sakrament in etwa so vorstellen wie ein schön verpacktes Geschenk. Gott kommt im Sakrament zu mir und sagt: „Servus, Dietmar! Ich hab da was wirklich unglaublich wahnsinnig Tolles für Dich. Ehrlich! Ich glaube fast, ich habe mich da wieder einmal selbst übertroffen!" (man hört im Off, wie sich Gott die eigene Schulter klopft und vor Freude, mir das schenken zu können, fröhlich auf und nieder hopst.)

Und ich nehme diese bunte Schachtel, von der ich nicht weiß, was drin ist, oder was ich damit soll – und lege sie in eine Ecke.

Wenn ich aber ein Geschenk niemals aufmache, werde ich auch nie erfahren, was drin ist.

Ich habe zwar ein Geschenk, nutze es aber nicht. Klaro?

Genau so ist es mit den Sakramenten. Viele Leute nehmen sie im Vorbeigehen mit, weil es halt dazu gehört und der Brauch ist, lassen sie aber dann ungenutzt in einer Ecke des Herzens einstauben.

Zum Beispiel gehört es in unseren Landen ja noch immer dazu, kirchlich zu heiraten. Die schönen Glasfenster, Kerzenschein, die Orgel und ein weißes Brautkleid ... Herz, was willst du mehr?

Tatsächlich ist das aber nur ein hübscher Rahmen.

Das Wesentliche spielt sich am Altar ab. Trotzdem sind Eheleute, die nur wegen des netten Ambientes in einer Kirche heiraten wollen, rechtsgültig katholisch getraut. Wirklich was davon haben werden sie aber nicht, solange ihnen nicht ernst damit ist, Gott in ihrer Ehe als Mittelpunkt zu haben. Und so ist es mit allen anderen Sakramenten auch.

Wer nur dem Namen nach getauft ist, hat nicht wirklich was von seiner Taufe. Wer den Heiligen Geist, der ihm in der Firmung durch Handauflegen noch einmal besonders verliehen wurde, nicht ernst nimmt, wird ihn auch nie in seinem Leben erfahren können. Und so weiter.

Mit andern Worten: Ran an die Geschenke und auspacken!

9. Ein dickes Buch mit vielen Büchern: Die Bibel

Jetzt fragt sich vielleicht mancher Leser und manche Leserin: „Woher weiß der Kerl bloß das alles? Eingebung? Begabung? Phantasie?"

Ich spiele zwar mit dem Gedanken, mir die Aura eines geisterfüllten Schreiberlings zu geben, dem der Heilige Geist persönlich die Worte zuflüstert ... aber genug davon. Das wäre Blasphemie. Und gelogen noch dazu.

Um noch einmal an den Anfang meines Buches, „Grundsätzliches" zu erinnern: Die katholische Kirche hat also zwei Wege der Offenbarung: Gottes Wort und die Tradition.

Schauen wir uns die erste noch mal etwas genauer an, Gottes Wort. Besser bekannt als „Die Bibel".

Katholiken stehen nicht gerade in dem Ruf, ständig mit einer Bibel unterm Arm herumzulaufen. Sie stehen noch nicht mal in dem Ruf, regelmäßig darin zu lesen. Wenn man es genau nimmt, ist es noch nicht mal selbstverständlich, dass selbst altgediente Kirchgänger überhaupt eine Bibel im Haus haben!

Vergleicht man das mit der Zitierfreude (manchmal auch Zitierwut), die manch evangelikale Prediger und Pastoren an den Tag legen, ist das durchaus tragisch. Denn wie will man wissen, ob das stimmt, was mir ein Straßenprediger scheinbar aus der Bibel erzählt, wenn ich noch nie darin gelesen habe?

So nimmt es auch nicht wirklich Wunder, dass mir ein Bekannter (ein Freikirchler und bekennender Bibel-Junkie) vorgeworfen hat, wie Katholiken wüssten gar nicht, worüber wir sprechen. Davon abgesehen würde die katholische Kirche (das der Vorwurf zwischen den Zeilen) ihre Schäfchen mit aller Macht möglichst dumm halten wollen. Denn wer nur die Bibel lese, so seine Überzeugung, würde von selbst erkennen, dass es mit der katholischen Kirche nicht weit her sei.

Bei aller (meiner persönlichen Meinung nach natürlich unangebrachten) Polemik: So ganz falsch scheint diese Meinung auf den ersten Blick nicht zu sein. Wirklich bibelfeste Katholiken sind tatsächlich selten.
Dabei wäre das aus mehrerlei Gründen sehr wünschenswert.

Ein Beispiel: Vor einigen Jahren gab es auf einem Ökomarkt in München einen Stand, der allerhand leckere Brotaufstriche aus astreiner ökologischer Produktion feilbot.
Und weil es auch jede Menge Probierhäppchen gab und ich ein hungriger Student war, nahm ich das Angebot gerne an und futterte mich einmal durch die Produktpalette. (Am besten war übrigens ein Bärlauchpesto. Aber das nur nebenbei).

Die netten und adretten Verkäuferinnen lächelten ein extrem breites Lächeln mit blitzend weißen geraden Zähnen und sprachen gern und viel mit den diversen Leuten.
Ich schnappte bei einer nur auf: „... schon Jesus hat gesagt ..." Das machte mich neugierig.

Nachdem mein Hunger etwas besänftigt war, sah ich mir alles etwas genauer an und entdeckte diverse „Bibelzitate". Jesus habe gesagt, er wolle alle Tiere zu sich in den Himmel nehmen und sie dort für ihr Leiden auf grünen Auen entschädigen. Oder: Die Menschen dürften ihre Felder nur mit Liebe düngen und in Eintracht abernten.
Sowas in der Richtung. Viele schöne Friede-Freude-Eierkuchen-Aussagen, die zufällig genau in das eigene Marketingkonzept passten.

Klang alles nicht schlecht – steht aber definitiv nicht in der Bibel. Zumindest in keiner, die ich kenne. Wie sich später herausstellte, waren die Damen von einer ziemlich abstrusen Sekte, die sich unter anderem durch diese Produkte finanziert und dabei auf den Ökoboom baut. Hätte ich nicht die Bibel gekannt, wäre ich vielleicht auf die netten Sprüchlein vom tierlieben Jesus hereingefallen. Keine Ahnung.

Aber das nur als Einschub.

Was aber sagt die katholische Kirche denn tatsächlich über die Bibel?
Sie lehrt allergrößte Ehrfurcht und Liebe zu ihr!
Das werden jetzt vielleicht protestantisch geprägte Leser nicht glauben, die eben noch nie einen Katholiken mit Bibelkenntnissen getroffen haben, ist aber so.

Im Katechismus (103) zum Beispiel: „Aus diesem Grunde hat die Kirche die Heiligen Schriften immer verehrt wie den Leib des Herrn selbst"

Gott offenbart sich in seinem Wort, ist in seinem Wort ganz und gar anwesend: „Und das Wort war Gott!", steht im Johannesprolog.
Daran ist nicht zu rütteln, anderes kann die Kirche nicht lehren. Sie lehrt auch nicht, dass die Tradition über der Bibel stünde – oder umgekehrt. Beides zu gleichen Teilen und in der je eigenen Art.
In der Erklärung „Dominus Jesus" wird nochmals ausdrücklich die „Inspiration" der Bücher der Bibel durch den Heiligen Geist betont (Seite 5), die Heilige Schrift wird also als direkt von Gott durch die Schreiber der Schriften gegeben angesehen.

Die Heilige Schrift ist „Nahrung und Kraft" der Kirche; in ihr kommt Gott seinen Kindern liebevoll entgegen und hält mit ihnen Zwiesprache (Katechismus 104).

Einige modernere Autoren nennen sie auch den „längsten Liebesbrief Gottes an die Menschen". Klingt auch gut und stimmt.

Und noch etwas: Die katholische Kirche lehrt auch nicht (und jetzt wird's für viele Leute anstrengend), dass die Bibel nur etwas für

Priester und andere Theologen sei. Also nur etwas für Leute, die sich aus beruflichen Gründen damit beschäftigen müssen. Nichts da: „Die Kirche ermahnt alle Christgläubigen besonders eindringlich, durch häufige Lesung der göttlichen Schriften, die überragende Erkenntnis Jesu Christi (Phil 3,8) zu erlangen" (Katechismus 133).
Ja nu, das ist harte Arbeit. Zumindest, bis man damit angefangen hat.

Die meisten Leute halten ja die Bibel für eine verstaubte, antiquierte Angelegenheit. Meine Erfahrung ist eher die, dass es nichts Aktuelleres gibt als sie. Man muss nur erst einmal anfangen, sie zu lesen.

Der heilige Hieronymus hat einmal den klugen Satz gesagt: „Unkenntnis der Schriften ist nämlich Unkenntnis Christi".

Insofern ist die Lehre der Kirche klar: Lesen, und Gott kennenlernen.
Aber: Dabei handelt es sich um eine Holschuld. So wenig, wie man sinnvollerweise einen Hund zum Jagen tragen kann, kann man Menschen zwingen, in der Heiligen Schrift zu lesen.
Nur ermutigen kann man.

Nachwort

Achtung! Warnung!
Ich habe zwar nach bestem Wissen und
Gewissen recherchiert und zitiert, habe das
fertige Werk von einem Doktor der Theologie
gegenlesen lassen (Danke Johannes!) –
dennoch ist mein Geschreibsel weder eine
wissenschaftliche Abhandlung noch ein
irgendwie approbiertes kirchliches Lehrwerk.
Diesen Disclaimer muss ich an der Stelle einfach
bringen, nicht dass noch jemand kommt und sich
beschwert, weil er oder sie wegen eines Zitier-
fehlers meinerseits eine Klausur versiebt hat.

Also darum meine Ermunterung: Einfach mal
alles, was ich hier kurz angerissen habe, im
Original, sprich: in der Bibel, im Katechismus
oder in „Dominus Jesus" nachlesen.
Macht Freude – und wenn man Glück hat, auch
noch heilig.

Die Auswahl der angeschnittenen Themen
beschränkt sich im Wesentlichen auf diejenigen,
die ich in den letzten Jahren so etwa
100.000 mal mündlich erläutern durfte und
die ein scheinbar unendliches Reservoir an
Missverständnissen bieten.

Dabei sind viele der angesprochenen Themen
noch nicht mal besonders zentral, sondern eher

peripher. Es gäbe Wichtigeres zum Diskutieren und Streiten als die hier aufgeführten Dinge. Es scheint aber so, als wären es gerade die besonders feinen Haare, die die Menschen am liebsten spalteten. Darum diese Auswahl.

Sollte jemand eine Idee haben, was sonst noch alles an Missverständnissen oder Streitfällen herumgeistert, bitte ich um Mitteilung. Vielleicht werde ich dann wieder einige Mittagspausen opfern, um diese in einer zweiten Auflage in das Buch einzuarbeiten.

In diesem Sinne

Euer
Dietmar Kramlich

Dietmar Kramlich

Jahrgang 1973, war mehrere Jahre als Mitbegründer und einer der Leiter einer katholischen Jugendgruppe (FCKW – „Fröhlich charismatische Katholiken sind wir") an vorderster Front der Glaubensverkündigung tätig. Das und die Ehelichung einer zwar nicht katholischen aber sehr gläubigen Ehefrau lieferte ihm mehr als ausreichend Gelegenheit, die teils liebenswürdigen, teils tiefschürfenden Besonderheiten seiner eigenen Kirche zu durchdenken und zu erklären.

Dietmar Kramlich ist gelernter Lastwagenfahrer, gelernter Kaufmann, halbgarer Sonderpädagoge, begeisterter Lobpreispianist und steht gegenwärtig als Beamter in Diensten des Freistaates Bayern.